恋愛低体温症

母娘＊謎解きカウンセラー
高橋リエ

SOGO HOREI PUBLISHING CO., LTD

✴ はじめに ✴

・なかなか好きな人ができない
・男性とつき合うのが面倒で、避けてしまう
・親しくなってくると、急に相手を遠ざけたくなる
・ここがよくない、あそこがよくないと、男性のアラばかり見てしまう
・つき合った彼から大切にされ、好きだと言われても、素直に喜べない
・つき合い始めると、なぜか不安になってくる

あなたは、こんな自分に悩んでいませんか?

「結婚離れ」が進んでいることが話題になって久しいですが、近ごろはたんに結婚しない人が増えただけではなく、もっとも「お盛ん」なはずの若い世代の人たちが、そ

もそも異性と交際しなくなっています。

恋愛することも「面倒くさい」と感じる、**「恋愛低体温症」**の人が増えているのです。

また、同じような恋愛の失敗をくり返した結果、恋愛にたいして前向きになれなくなり、「恋愛低体温症」になってしまっている人もいます。

とはいえ、そのような「恋愛低体温症」の人たちがみな、このままずっと1人でいいと思っているわけではありません。

できれば、信頼できる愛するパートナーがほしい、いずれは温かい家庭を築きたい、そう願っている人も多いのです。

でも、そのための行動がとれない、どうしても、ブレーキがかかってしまう。

そんなジレンマに悩んでいる人のために、この本は生まれました。

くわしくは本文でお伝えしますが、「恋愛低体温症」の人は、

・人との距離のとりかたがわからない
・相手の顔色をうかがってしまい、思ったことが言えない
・相手に合わせて、本心とちがうことを言ってしまう
・3人以上、人がいると、どうしていいかわからなくなる
・自分の言ったことがまずかったのではと、くよくよ悩んでしまう
・人に頼ったり、相談したり、甘えたりできない
・人間関係を自分から切ってしまう

といった、対人関係の悩みも抱えているという特徴があります。

人にたいして安心できず、つねに警戒して「ありのままの自分」を出さないようにしているのです。

人といると、気ばかりつかって疲れてしまう、だから、早く1人になりたい。

そう感じる人が、いま、たくさんいるのです。

人には本来、「食欲」「性欲」のほかに、**「集団欲」**という本能的欲求があります。「人と一緒にいたい」「他者とつながっていたい」という欲求があるからこそ、人類はたがいに助け合って生き延び、子孫を育て、種として存続してきたのです。

ところがいま、この「集団欲」が薄れている人が、日本に激増しています。

人と一緒にいても、頭のなかは不安でいっぱい。あれこれと気をつかってしまい、目の前の人といることに喜びを感じたり、一緒にゆったり楽しんだりすることができません。

人と一緒にいても、心のなかは孤独で、たとえ親しい友人であっても、**本当は心を開いていない、他者と「つながれない」**のです。

私は、母娘問題専門のカウンセラーとして、母親のことや、家族のことで悩む、大勢の女性たちのお話をうかがってきました。

ですので、この本は恋愛のハウツーをお伝えするものではありません。

異性とうまくつき合うためのノウハウは、その道の専門家による本がたくさん出て

います。

この本では、母娘問題専門のカウンセラーという立場から、「恋愛低体温症」に悩む方にむけて、その本当の原因と、幸せになるための対策を考えていきます。

「面倒くさい」という意識の裏にひそむ本当の感情は、**「不安と怖れ」**です。

「不安と怖れ」があると、無意識に相手を警戒し、緊張して、不自然な言動をとってしまいます。そして、人間関係がうまくいかなくて、ますます自己否定感が強まるという、悪循環にも陥りがちです。

「不安と怖れ」は、じつは、**幼少期の親子関係からきている**こと。

さらに、私たちがまったく意識できない、潜在意識の深い層にも、人と親密になることを避ける原因がひそんでいることを、この本で明らかにしていきます。

そして、人に警戒してしまう状態から脱するために、お役に立つ提案をしていきたいと思います。

読者のみなさんが、この本を通して恋愛を面倒だと感じる「本当の原因」が腑(ふ)に落

ち、悩みが軽くなり、不安をなくしていく努力をしていただければ幸いです。

そして、近い将来、パートナーと安心してつながり、幸せを実感できますよう、心から願っています。

目次

第3章 恋愛を楽しめないのは「自分の心配ばかりしてしまう」から

✴第4章

自分のなかにある人生のシナリオを見直そう

✷第5章

幸せな恋愛を始めるために知っておくべきこと

✴ 第6章

長く一緒にいられる運命のパートナーを見つけるコツ

装丁デザイン　小口翔平＋岩永香穂（tobufune）
本文デザイン　飯富杏奈（Dogs Inc.）
装丁イラスト　ふすい

第1章

人を本気で好きになれない理由

～恋愛が面倒くさいあなたへ～

人を本気で好きになれない人の2つの思い込み

恋愛低体温症の人は、異性のことや恋愛について気にはなっていますが、一対一の関係に踏み込んで親しくなることに抵抗があり、なかなか人を好きになれません。

異性とつき合っても、長続きしなかったり、軽い関係にとどめておこうとする。

相手に好かれて大事にされていても、かえって抵抗を感じたり、どこか他人事のように、うそっぽく感じたりしてしまう。

そんな自分に、悩んでいらっしゃいます。

このような人たちに、共通して感じることが、2つあります。

ひとつは、**「私が本気で愛されることはない」**という、妙に強い「思い込み」です。

「いずれ、本当の自分がバレたら、私は嫌われる」という思い込みが、人間関係の「前提」になっているのです。

「親しくなる」→「自分のことをより深く相手に知られる」→「本当の私を知られたら嫌われる」と考えているので、親しくなることを避けてしまいます。

もうひとつは、**特定の相手と「絆（きずな）」をむすぶことを、意識的、無意識的に、拒否している**ことです。

相手に好かれていても、つねに一歩引いている。ライトな関係にして、いつでも入れ替えがきくようにしておく。

つまり、「この人でなければ！」という、かけがえのない相手と、長期的な絆をむすぶことへの抵抗が、とても強いのです。

あたかも、「親しくなって、絆が強まると、ロクなことにならない」と決めつけているかのようです。

ここで、私のメルマガの読者様からいただいた、恋愛にかんするお悩みを、いくつかご紹介させていただきます。

好きな人が長い間いない女性

私が悩んでいるのは「好きな人ができない」ことです。

もう28歳になりますが、自分から好きになって告白した経験がありません。

告白されて、一緒にいるのが楽しく仲もいい相手だったので、つき合ったこともありましたが、自分が本当に相手のことを好きなのかも、よくわからなくなっていき、毎回うまくいきません。

まわりからは、「いつか、この人！　って思える人が現れるよ」と励まされます。

でも、よくよく考えたら「私って、自分から好きになったこと、あったっけ？」と思い始め、「この人、好きだな」と思えないまま、年老いていくのかと思うと、さびしいなあと思ってしまいます。

男性に頼ることができない女性

恋愛は、私には〝無関係なこと〟だと思っています。

女性らしくなく、性格も明るくない私は、男性からは求められないと思っています。

最終的には嫌われる。というか、そもそも私は、男性の目に映っていないと思っています。

あと、男性に頼ることができません。とにかく、なんでもかんでも自分でやってしまいます。

自立しているといえば聞こえはいいですが、他人を頼れず、恋愛もまともにできず、1人でサバイバルしています。

結婚は、夢のまた夢。

お一人様を謳歌(おうか)できるくらい吹っ切れたらいいのですが、それすらもできないのがまた、悩みです。

思っていることと逆の言動をとってしまう女性

人との距離を無意識に縮めないようにしているので、人間関係や恋愛は、長く続きません。

好きだけど突き放してしまったり、その逆だったりで、いつのまにか自然消滅してしまいます。

周囲の人には「悪女」呼ばわりされたり、「愛人に向いている」と言われたりしたこともあります。

人を信じられないんですよね。裏返せば、自分のことも信じられていないのだと思います。いい人を演じていることがあったので、好きでもない相手から好意を寄せられることも多かったです。

相手の気持ちを受けとれない女性

私はいま、24歳です。

人との距離が近づくと、恥ずかしかったり、居心地が悪かったりして、遠ざけてしまうところがあります。

いま、おつき合いをしている人は、本当にいい人です。

ただ、「好き」とか、「大切だ」と言われても、自分が言われているという感じがしません。〝ほかのだれかが言われている〟感じがして、気持ちを受けとることができないのです。

また、急に悲しくなったり、さびしくなったりしたときに、すぐにそばに来てくれる人を優先してしまい、いまの彼を裏切ってしまったことも、何度もあります。

大切にされても喜べない女性

私は、ものすごく好きな人とつき合っても、喜びは1秒くらいで消え去り、そのあと「私は嫌われ者だから、どうせこの人にも嫌われる」と思いながらつき合っていたので、彼が私の支えを必要としていても、どのようにすればいいのか、わかりませんでした。

嫌われるのがすごく怖くて、顔色をうかがういっぽうで、嫌われるのが怖いのに、平気で彼を傷つけることを言ってしまうなど、ワケがわからないことをしていました。

私のことを大切にしてくれても、とても違和感があり、ひどい別れ方をしたこともありました。ふつうは自分のことを大切にしてくれたらうれしいはずなのに、「なに、コイツ?」と思っていたのです。

自分のことを大切にしてもらっても、素直に喜べないのが悩みです。

〝軽い関係〟でとどめようとする女性

私はあるときから、「都合のいい女」になる道を、自ら選んできたような気がします。

理由を考えると、「真剣に向き合うのが怖い」のです。

自分に異様なまでに自信がないので、〝こんな自分はいつか嫌われる〟という気持ちが抜けず、実際に2人の仲がうまくいかなくなると、「まあ、遊びだし」「向こうも体が目当てだろうし」と自分を納得させるべく、自ら軽い関係を選んできました。

相手にワガママを言ったり、求めたりすることが、どうしてもできません。

世の中の女性が、なぜ、あんなにワガママを言って男性を振り回せるのか、不思議でなりません。

男女の関係を「契約」のようにとらえてしまい、ここまでの関係だからこれはナシね、こちらもこれは求めません、みたいなおつき合いしか、うまくこなせないのです。

みなさん、けっして男性から嫌われているわけではないと思います。それぞれお会いしたら、きっと魅力的な女性でしょう（本人はそう思っていないかもしれませんが）。

実際、何人かの方は、お会いしたことがありますが、じゅうぶんに魅力的で、ステキな女性たちです。

ハタからは、こんな悩みがあるようには、とても見えないだろうと思います。

それなのに、なぜ、こんなふうに感じてしまうのでしょうか。

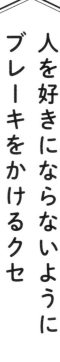

人を好きにならないように ブレーキをかけるクセ

一般には、好ましい異性と出会ったら、もっとその人のことをよく知りたいと感じます。そして、うまくいきそうなら、恋人どうしになって、できるだけ一緒にいたいと思うでしょう。そして、たがいにかけがえのない相手だと感じられたら、結婚して、一生をともにしたい、と願うようになります。

なぜ、そのように感じるかといえば、前提として、**特定の人と両想いになったら、楽しく、幸せな時間を過ごせるだろうと思っている**からです。

そして、かけがえのない相手と一生をともにできれば、幸せになれるだろうと思っているからです。

いずれも、かならずそうなるとはかぎりませんが、多くの人は、そういう「期待」を抱いています。だから、異性と親しくなりたい、恋愛したい、結婚したい、と積極的な気持ちになれるのですね。

いっぽう、恋愛低体温症の人たちには、なぜかその期待がありません。期待どころか、ネガティブな思い込みをもっています。特定の人と親しくなったら、自分はいずれ嫌われる。たった1人の相手と一生をともにするなんて、ありえない、と思っている人もいます。ぜんぜん、よいイメージがないのですね。

だれだって、嫌われるのはイヤですし、自分にとって大切な人に去られてしまったら、喪失感を感じて悲しいし、孤独を感じてつらくなります。でも、「あの人は自分とは合わなかったんだ。新しい人を探そう」とすぐに立ち直る人も、世の中にはいます。

恋愛低体温症の人たちは、大切な人に去られると、喪失感や孤独を感じるだけでなく、自分の全人格が否定され、もう自分は存在する価値がない、とまで感じて絶望してしまいます。

そんな恐ろしい目にあうと思っていたら、だれかが自分にとって大切な存在になるというリスクを避けるのは、当然とも言えます。

■「恋愛が面倒くさい」の裏にある感情■

恋愛低体温症の人たちは、じつは「恋愛するのが怖い」と感じているのです。だから、無意識に避けようとするのです。

ただ、私たちはふつう、**「怖い」という感情を感じないように、無意識にフタをして、抑圧します**。そして、かわりに意識のうえでは「イヤだ」とか「面倒くさい」と考えます。

さらに、本当は怖いのに、意識的な思考の一部は、自分も「恋愛したい」「結婚したい」と思っています。意識的な思考というのは、世間の常識や価値観に染められていますので、アタマでは、恋愛や結婚は「望ましいこと」だと考えているわけです。

ハラ（潜在意識）では「恋愛は怖い」と感じていて、**アタマでは「恋愛したい」**と考えている、そのギャップのせいで葛藤（かっとう）が生じ、「恋愛したいのに、人を好きになれない」と悩むことになるのですね。そして、恋愛できない、人を好きになれないのは、「面倒だからだ」と考えて、思考で合理化しているわけです。

私のカウンセリング経験では、何かが「できない」とき、それは、よく言われるように「自分に自信がないから」ではなく、単純に「怖いから」できないのです。

自信がなくても、不安や怖れがまったくなければ何でもやってみることができます。ですから、「人を好きになれない」＝「人を好きになるのが怖い」であり、怖いから、人を好きになることに「無意識にブレーキをかける」のですね。

恋愛低体温症とは、**嫌われるのが怖くて、人を好きにならないように、無意識にブレーキをかけている状態**なのです。

でも、恋愛にたいして抵抗のない人は、そこまで嫌われることを怖れていません。振ったり振られたりは、よくあることだと思っています。なぜ、そうしたちがいが生じるのでしょう。

親しくなるほどつらくなってくる理由

一般には、人と親しくなると、たがいに理解が深まり、そのことに**「心地よさ」**を感じます。そして、つき合いが深まるにつれ、信頼感も増して、相手にたいする愛着や絆が強くなっていきます。

ふつうはそうなのですが、恋愛低体温症の人たちはなぜ、「親しくなったら、嫌われる」などと思い込んでいるのでしょう。

よく聞くのが、「自分に自信がないから」です。

「私は愛してもらえる人間なんだ、という自信は、どうやったら身につくんでしょう」

そうおっしゃった方もいました。

本来は、**人と親しくなって愛されることに、とくに「自信」は必要ありません。**

自分に自信がない人が、好きな人と一緒にいることで、精神的に落ち着いていられる、ということもあります。

「自分に自信がないから、愛されない・嫌われる」のではなく、先に「私は愛されない・どうせ嫌われる」と思い込んでいるからこそ、それが現実になって、人間関係がうまくいかなくなる。その結果、「自信がない」と思うようになるのです。

因果関係が逆なのですね。

■人と一緒にいて心地よく感じるには？■

親しい人間関係に心地よさを感じるために必要なのは、「自信」ではなく**「安心感」**です。

ふつうは、人と親しくなるほど、相手にたいして安心感を抱くのですが、恋愛低体温症の人たちは、人と親しくなるほどに不安が強まっていきます。

どうして、そうなるのでしょうか。

それは、**子どものころ、もっとも親しい関係であるはずの「親」といて、安心できなかったからです。**

子どものころ、親に気持ちをわかってもらえず、否定されたり、傷つけられたりして、怖い思いや、居心地の悪い思いをしていた人は、「私は人に傷つけられる」「世の中は危険だ」という「無意識の思い込み」が刷り込まれています。

子どもはだれでも、親に愛されたいし、大事にされたい、守ってほしいと願っています。その親から、わかってもらえず傷つけられるという悲しい経験をくり返すと、

- **私は人に愛されない**
- **私は大事にしてもらえない**
- **私は守ってもらえない**

という思いが、刻み込まれてしまうのです。

本当は、親がイライラしやすい性格だったり、気持ちの余裕がなかっただけだとしても、子どもはそのように一般化して、思い込んでしまいます。

さらに、人と親しくなればなるほど、その相手は親に近い存在になりますので、だんだんと、無意識に相手に自分の親を重ねるようになります。すると、「どうせわかってもらえない」「また傷つけられる」と怖くなり、警戒してしまうのです。

あなたの親は、幼いころ、あなたをありのまま受け入れ、気持ちに共感し、わかってくれていたでしょうか。味方として寄りそってくれ、あなたをいつも安心させてくれたでしょうか。

恋愛低体温症の人の多くは、親に気持ちを無視されて傷ついていた、親といて安心できなかった人たちです。

だから、他人と親しくなると、親のように自分を傷つける存在になるのではないかと、無意識に警戒してしまい、傷つけられるのを避けるために、相手を遠ざけてしまうのです。

恐怖や悲しみを抑え込むと幸せを感じられなくなる

ここまで読んで、「たしかにうちの親は怖かったし、さんざんひどいことを言われて、傷つけられたなあ」と思う方がいることでしょう。

いっぽう、「べつにうちは、いい親だったと思うけど？」と感じている人も多いかと思います。

だれでも自分の親のことはよく思いたいので、**美化フィルター**をかけて、親を見ています。

ですが、私のカウンセリング経験では、「うちはごくふつうの家庭だった」と思っている人でも、じつは幼いころ、「親の気に入るように、期待に応えて、いい子にしていた」というケースが、とても多いのです。

いまどきの日本では、親に「ありのまま」の自分を無条件に愛されて、のびのびと育った人は、どちらかというと少数派でしょう。

親の顔色をうかがって、たくさん我慢して、気に入ってもらえるよう必死で努力して、なんとか生き延びてきたという人のほうが、圧倒的に多いのです。

■「感情マヒ」になる理由■

さらに、私たちは、生きるために都合の悪いことは忘れてしまいます。

つらいことを意識しないですむように、幼いころに感じた「怖い」という思いを、潜在意識の奥底にしまいこんで「なかったこと」にするのです。

なぜなら、親のことを怖がりながら、毎日一緒に暮らして育ててもらうなんて、あまりにもつらいことだからです。

ですので、「怖い」という感情を抑圧して「これがふつうだ」と思っていたり、より怖かった親のほうを「好きだ」と思い込んでいたりします。

こんなふうに、私たち人間は、**生き延びるために、感覚や感情を抑圧して、「感じない」ようにするしくみをもっている**のですね。

この感情の抑圧がすごく強いと、自分の感情を感じられない**「感情マヒ」**という状態で生きるようになります。

自分が相手のことを好きなのかよくわからない、という感覚は、この「感情マヒ」が、原因のひとつです。

本当は大好きなのに、「親しくなったら危険だ」という警戒心から、無意識に、ワクワクする気持ちを抑えて「感じない」ようにして、「べつに何とも思っていない」ことにしている可能性があるのですね。

感情をマヒさせるようになったのは、生きるために必要だったからですが、感じないようにすると、**恐怖や悲しみだけでなく、喜びも感じられないため、幸せも感じることができません**（この「感情マヒ」を解くために、どうすればいいかは、第５章でご説明します）。

感情マヒというほどではなくても、自分が自分の親にたいして、幼いころ本当はどう感じていたかは、なかなかわからないものです。

人によっては、「親を悪く言ってはいけない」「親孝行しなければいけない」といった「思い込み」が強くて、親の実像がいっそう見えにくくなっていることもあります。

親といて、安心して心地よさを感じていたか、あるいは、不安で居心地が悪かったか、それをはかる目安として、彼や友達に**自分の本心を気楽に言えるかどうか**、があります。

自分の本当の思いを、抵抗なく言えているとしたら、あなたは親にも本音を言えたのだと思います。

その場合は、比較的、親といて安心できたのでしょう。

でも、本心はいつも「脳内独白」になっていて、「だれかにありのままの本音を言うなんて、とんでもない」と感じるようなら、あなたは親が怖くて、本音が言えず、無意識に警戒していた可能性があります。

おひとり、そんな例をあげてみますね。

本音を言うのを怖れてしまう女性

私はいま、つき合っている彼と同棲（どうせい）しています。

というか、実家から逃げたくて、居座ってしまったような感じです。

でも、実家から逃げても、いつ母親から連絡が来るか、つねに怯（おび）えています。

母からメールが届くと、母が怒っているわけでも、たいした内容でなくても、落ち着かない気持ちになってしまいます。

もういい大人なのに、昔に怒られたこと、怯えたことがトラウマになっているのだと思います。そして、そんなトラウマが、やはり恋愛においても、支障をきたしているように感じます。

たとえば、彼とケンカになったとき、私は言いたいことが言えずに、ほとんど黙ってしまいます。

自分の気持ちがわからない、というか、先に気持ちを抑え込んでしまうようです。

「イヤだ」と思っても、相手にそれを伝える言葉が出てこない。

これ以上、何を言っても相手を怒らせるだけじゃないかと、とにかく相手の怒りが早く過ぎ去るのを待ってしまいます。

そして、結局、「何を考えているのかわからない」と言われてしまうのです。

そんなとき、もどかしい思いでいっぱいになって、何か言いたいと思っても、どうしたらよいのかわかりません。

そんなことを、何度もくり返しています。


すごく親しい相手であっても、言いたいことが言えない、そんな場合は、幼いころに、（いまは忘れていても）じつは親が怖かったために、親にも本心が言えなかった可能性が高いです。

それが原因で、大人になってからも、なかなか人に心を開けないのです。

親子関係の問題については、また第４章で、くわしく説明したいと思います。

ネガティブな自己イメージは母親に刷り込まれている?!

最後に、母親から**「ネガティブな自己イメージ」**を刷り込まれてしまったケースについてご紹介しておきます。自分は男性とつき合うことなどできないと思い込んでいたり、そもそも異性とのつき合いにネガティブなイメージを刷り込まれていたりして、恋愛も結婚もままならない状態になっている人たちです。

母親の言葉に縛られている女性

いま婚活をしていますが、自分の家族にいい印象がないので、自分で止めてしまいがちで苦戦しています。

お見合いでも、相手の家族の楽しい話を聞くと、つらくてしょうがないのです。「家族旅行に行った」とか、「両親から『家族をもって幸せになれよ』と言われている」などと聞くと、「私の家族はこんなこと言ってくれないな」と、悲しく、みじめになります。自分が家族をもっても、はたして、そんなことできるのかなとも不安になります。

また、お見合いで食事をしても、相手の男性が注文をなかなか決められないといった、ちょっとしたことで、「この人とはもういいや」と思ってしまいます。

母がよく「根性が曲がっている」「女の腐ったやつのようだ」などと、父を罵倒していたせいか、「男性=頼りない」という図式があり、男性を自分の人生のなかに入れるということが、未だに苦手です。

結局、いろいろ考えすぎて、婚活が苦しくてたまりません。

そもそも男性とつき合ったことがないのですが、なぜそうなのかと考えたとき、親から言われ続けた、

「あなたは私の子だからブス。だから何をやってもダメ」

「ブスは勉強するしかない」

「化粧やおしゃれをすると、頭が悪くなる。そんなことするより勉強しろ」

という言葉に縛(しば)られ、自分を認めてあげること、女性としてきれいにすることをあきらめていたのでは……と気づきました。

自分から好きになるのを禁じていた女性

過去を振り返ると、私はこれまで、自分から求めるような恋愛は、一度もしたことがありません。

そういう形の愛は、自分にはあってはならないと禁じていたようです。

いっぽうでは、ふつうに恋愛すべきだとも思っていて、そうできない自分を否定していました。

また、自分のことしか考えていなくて、無意識のうちに他人を振り回して不幸にしてきました。
そして、こんな自分は幸せになれるはずない、なってはいけない、と思っていたようです。

高校卒業まで実家に住んでいましたが、恋だの彼氏だのという話は、私の家では〝存在しないこと〟になっていました。

親から「恋愛がダメ」と言われたわけではありませんが、「学生は学生らしく！」というのが親の口癖だったので、ふわふわ浮足立つのはダメなんじゃないかな？ 学生の本分以外に興味をもってはダメなんじゃないかなと、なんとなく自分で思い込んでいた感じです。

大学で1人暮らしを始めましたが、なかなか彼氏ができませんでした。
というか、どんな人が好きなのか、自分でもよくわからなかったのです。
そして、好きか好きじゃないかもよくわからないのに、たまたま声をかけてきた、そのへんの軽い男と適当につき合って、自分を安売りしていました。

私を気に入ってくれる人がいれば、つき合ってはみるけど、学歴がダメだとか、職業がダメだとか、食べ方が汚いとか、金払いが悪いとか、あれこれダメな部分を見つけては、逃げるように、私から別れてしまうのでした。

就職してからは、お見合いの嵐です。

なんだか話はかみ合わないし、デートもぎこちなく楽しくなくて、とてもこれから生活を共にするという図は浮かんできませんでした。

次々とお見合いを断って、「私は一生、結婚できないかもしれない」と落ち込んでいました。

私の母は、「こういう結婚をしてほしい」という理想をもっていて、相手については、両親とも大卒で、父親が立派な職業で（大学教授とか会社役員とか）、きょうだい全員が大卒、というのが基準のようでした。

毎日のように、母から「結婚しろ」と言われ続け、私が見つけてきた彼氏については、学歴や職業を批判されて「別れろ」と言われ続けて、頭がおかしくなりそうでした。

嫌いではないのに別れてしまう女性

過去の恋愛では、自分が愛されている状態が心地悪くなってしまい、嫌いでもないのに別れてしまったり、そして激しく後悔したりしていました。

自分に自信がなくて、相手に愛されているのか不安になり、相手が忙しいときに家にまで押しかけ、本当に私のことを好きなのかを確認したりして、相手の重荷になってしまいました。

人の愛し方が、わからなかった気がします。

いまでも、別れた彼氏を嫌いになれず、あのとき、こうしていれば、いまはこうだったのかなあ、なんて妄想して、ざわざわしている自分もいます。

子どものころのことで記憶にあるのは、親に「お母さんに似て、毛深くなっちゃったね」「お母さんに似て、眉毛太いね」「またやっちゃった?!」などと言われたことです。グサリとまではこないものの、チクリチクリとイヤミを親に言われ、気づいたら身動きがとれなくなっていました。

いま思うと、自分の容姿に自信がもてないまま、育った気がします。

なんだか、身につまされるようなお話ばかりですよね。

このように、母親の影響で、女性としての自己イメージが低くなってしまい、異性とのつき合いに踏み出せないとか、母親の介入が激しくて、どうせダメになるからと、投げやりになってしまうことが、実際に、とても多いのですね。

■母親の不安が子どもを縛る■

なぜ母親が、娘にこんなよけいなことを言ったりしたりするかといえば、それも**「不安でたまらないから」**です。

自分の娘の容姿をけなすなんて、どういうつもりかと不可解に感じますが、内心は、「この子は美人じゃないから、モテなくて結婚できなかったらどうしよう」などと不安妄想でいっぱいで、それをそのまま娘にぶつけてしまったり、ハラの虫の居所が悪いときに、ひどいことを言ってしまったりするのですね。

私のカウンセリング経験では、母親から「おまえみたいなブス……」などと言われてきた人は、みなさん、不細工ではなく、むしろ並以上にかわいらしいので、「ええっ、どこがブスなの？」と驚いてしまうのですが、母親にとっては充分ではなかったのかもしれません。あるいは、母親自身が、親からけなされて育ったのかもしれません。

要するに、**母親のほうの問題**なのですが、子どものときに親から何度も言われたことは、どうしても刷り込まれてしまい、のちのち影響が出てくるのですね。

また、異性とつき合うことに否定的なメッセージを送ってしまうのは、親の世代が若かったころの結婚前の「男女交際」に、不純なイメージがあったからかもしれません。あるいは、母親の母親（祖母）が、独身男女の交際をタブー視していて、それが刷り込まれているせいかもしれません。

時代は変わっているのですが、人は自身の過去の経験を基準に行動しますので、**親**

が時代錯誤な価値観の押しつけをしてくることは、避けられない面があります。

■男性はちがうかたちで母親に縛られる■

いっぽう、男性が母親から「おまえなんかモテないに決まっている」などと言われることは、あまりないと思います。たいていの母親は、自分の息子が大好きだからです（ただし、男嫌いだったり男性恐怖がある母親の場合は、息子を毛嫌いしたり避けたりしますので、それが息子の自己イメージの低下になることはあります）。

また、ふつうは、異性とつき合うことについても、母親が、娘のように制限をかけることはめったにありません。同じ母親でも、娘と息子とで、態度がまったくちがうことがよくあるのです。

男性の場合、母親の呪縛（じゅばく）は、ちがうかたちであらわれます。

いまの日本では、女性よりも男性のほうが、恋愛や結婚と縁がない人が多いですが、それは、核家族の子育てが、男性の自立をむずかしくしているという側面が、大きく影響していると考えています。

核家族の子育てについては、それだけで1冊の本になりますので、ここでは触れませんが、男性も、女性同様「不安と恐れ」が対人関係の問題を引き起こしていることには変わりありません。ですので、この本に書かれていることは、おおむね、男性にもあてはまると考えてください。

この母親の刷り込みについて、また、親のコントロールからどうすれば脱出できるかについては、第5章であらためて説明していきます。

先ほどご紹介した最後の例の方は、自分から別れてしまうという「避ける」傾向があるのと同時に、家まで押しかけて、相手の気持ちを確認しようとするなど、「重い女」にもなっていました。

では、次の章で、この「重い女」タイプについて、見ていきましょう。

第２章

“重い女になって嫌われる”をくり返す理由

〜恋愛に疲れたあなたへ〜

いつも相手に合わせて我慢してしまう

この章では、恋愛低体温症のなかでも、以前はそうではなかったけれど、つらい経験をくり返したために、ほとほと疲れてしまい、いまは低体温状態という人たちについて考えてみます。

第1章でご紹介した方々は、傷つくのが怖くて、親しくなるのを避ける傾向が強かったのですが、こちらは、「私だけを見て！」とばかり、尽くしたり、試したり、責め立てたりして、ぐいぐい迫り、結果的に相手に去られてつらい思いをする、という**「重い女」**のパターンにはまりがちな人たちです。

このタイプの人たちは、**頭で考えることと、思わず出てしまう言動とに、ギャップ**

があるのが特徴です。疑心暗鬼になって過剰に責め立てるなど、自分でも、おかしい、異常だ、とわかっていても、感情の暴走を止められないのです。

もうひとつの共通点は、言いたいことも言わずに我慢してしまったり、自分が犠牲になったりと、**かなり無理をして、相手に合わせてしまう**ことです。

相手に過剰に適応しようとするのですね。

そのため、さんざん尽くしたあげく、あっさり去られてしまったり、我慢に我慢を重ねたあげく、最後に感情を爆発させて自分で関係を壊してしまったりと、ダメージの大きい、つらい経験をくり返しています。

ここでも、実際のお悩みをご紹介しますね。

尽くしすぎて突然連絡を絶たれる女性

私はめったに人を好きになれませんし、尊敬もできません。

まれに好きになれる人が見つかっても、その人からは、なかなか好かれません。

逆に、どうしても好きになれない人からは好かれ、ストーカーされることが多いのです。

私は男友達にたいしても、恋人にたいしても、女友達にも、つい母親役になって、必要以上に、かいがいしく世話を焼いてしまうところがあります。

だから、好きな人には、とことん尽くしてしまいます。

そして、ある日突然、連絡を絶たれます。

つき合うと自分らしくいられなくなる女性

私はつき合っていると、自分のことが何もできなくなり、見た目もボロボロになっていきます。つねに彼の顔色をうかがってしまい、私のせいで元気がないの？　とつらくなってしまいます。

相手に１００％合わせてしまい、自分の気持ちは伝えられない。ずっと我慢していますが、最後には感情的になってしまう。そういうかたちでしか伝えられない……のくり返しです。

新車を購入できるくらいのお金を貸したこともあります。

年齢を重ね、恋愛を重ねるたびに、ひどくなっています。


私は自分だけ見てほしいという気持ちが、異常に強いのです。

友達にたいしても、他の友達と仲良くしているのを見ると、取られそうで、その人の悪口を言って引き止めようとしていました。

彼氏にたいしても同じで、彼が知り合いや同僚の女性の話をしただけで、とてもない不安に襲われ怖くなります。

浮気するような人じゃないのに、その女性とどうにかなるのでは、という妄想しかできず、苦しくなります。実際に浮気されて、胃潰瘍になってしまった経験もあります。

彼氏がいると、いい子でいようと思ってしまい、私らしくいられませんし、つらいだけなんです。

もう一生、1人でいたほうが、私らしく生きていけるのかなあと思っています。

自分のすべてをわかってほしい女性

私は、好きな人にたいして、すべてわかってほしい、自分のことを一番に考えてほしいと、ずっと思っていました。

また、自分に自信がないため、彼の反応で一喜一憂し、少しでも冷たくされたと感じると、嫌われた、もう終わりだ、と思うようになります。

つき合い始めて3か月くらいは、彼も私と向き合おうとしてくれるのですが、それ以降は、このような私の感情、言動に驚き、別れを告げられます。

好きな人に否定されることは、とてもつらく、身体の一部がもぎ取られたような感じになります。

自分には恋愛は向かないんだとか、周りとくらべて劣っているんじゃないかとか、一生独身かもしれないと、思い悩んでいます。

重い愛情の押し売りをしてしまう女性

私の悩みは、母親がやっているのと同じ愛情表現（愛という名目の、自身の心配の押しつけ）を、彼にもしてしまうことです。

私自身が、母親の重い愛情と、ありのままの私自身を見てもらえないつらさに耐えられず実家から逃げたように、彼も、私から逃げてしまいます。

逃げるから、もっと愛してもらおうと頑張って、自己犠牲をしてしまい、どんどん重く、ネガティブになるようです。

やっているときには自覚がないので、いまは、彼氏をつくるのが怖いです。

友達にたいしては、このような重い愛情表現はやらないので、「彼氏いないのが不思議！」と言われています。

突然わめきちらしてしまう女性

私は、同じような恋愛の失敗をくり返しています。

相手（異性にかぎらず、同性でも大切な人の場合もある）に突然、ものすごくわめきちらしてしまうのです。

もちろん、相手は、私のもとから離れていきます。

そして先日、親しい男性の友達に、また同じことをやってしまい、自分でもワケがわかりませんでした。

いつも私の話を親身に聞いてくれていた大切な人が離れていき、いまも悔しい気持ちでいっぱいです。

どうしてこうなってしまうのかを考えてみると、私は恋人などの大切な人に、自分の考えや気持ちをうまく伝えることができないからだと思います。

言ったら相手はどういう顔をするだろう、どういう反応を返してくるだろうか、と怯えてしまい、そんな不安に押しつぶされそうになると、堰（せき）を切ったように、わめいて言い返してしまうのです。

嫉妬がやめられない女性

好きな人ができても、尽くしてばかり。でも、罵倒されたり、愛情が足りないと言われたりしました。

恋人からプレゼントをもらったり、恋人と素敵なレストランで食事をしたりすることとは無縁の恋愛遍歴だったので、7年前に恋愛をやめました。

じつは私は嫉妬深く、好きな男性が私以外の女性と話したり、親しげに振る舞ったりするのが本当に許せなくて、無意識に、にらみつけてしまいます。

とにかく、自分だけ見てほしいのです。

「なんで女友達が必要なの？」「なんで私という彼女がいるのを知っているのに、この女は彼にベタベタするの？」「なんで私よりあの女と話しているときのほうが楽しそうなの？」などなど。自分でも怖いです。

何十年も、「自分には価値がない」「自分は大切にされない」「自分は異性から愛されない」「可愛がりと称してモラハラされる」「まともな男性は私を愛さない」を実体験しつづけた人生だったので、いまや恋愛も結婚も、私には恐怖でしかないです。

つき合うと束縛してしまう女性

私は、つき合いが始まると、男性に依存してしまいます。そして、楽しいはずの恋愛が、なぜか不安や心配ばかりになり、相手を束縛してしまいがちでした。

距離感もわからず、素の自分をさらけ出していいと思い、少しでも、自分に気持ちが向いていない発言をされたり、態度をとられると、激しく怒っていました。

つねに私のことを考えていてほしいという気持ちが、非常に強かったです。

お悩みのなかに何度も出てくるのが、**「自分だけ見てほしい」「自分のことを、つねに考えてほしい」**というフレーズです。

だから、相手の一挙手一投足に目をひからせ、ほかの女性に気持ちが向いていないか、つねに警戒し、ちょっとしたことで、すぐ過剰反応しています。

疑心暗鬼になりすぎるのですね。

浮気したわけでもないのに、いちいち騒がれて責められれば、男性だって、「そんなにオレが信用できないのか！」と気分を害してしまいます（実際、信じることができないのですが……）。

どうして、こうなってしまうのでしょうか。

ちょっとしたことで「愛されているのか」気になる

相手が自分だけを見てくれているか、つねに確認せずにはいられないのは、**「私は、大切な人に見捨てられる」**という「無意識の思い込み」があるからです。

いつか見捨てられると思っているので、つねにそれを警戒しています。

第1章でとりあげた人たちが、傷つくのを避けようと、自分から相手を遠ざけるなど回避的な行動をとるのにたいして、こちらの人たちは、**見捨てられないように、必死で尽くしたり、怒って責め立てたりと、ぐいぐい相手に迫っていきます。**

「傷つくのが怖い」という、根底にある不安は同じなのですが、それにたいする対処のしかたが、対照的なのです。

この本では、第1章でとりあげた人たちを**「回避型」**、この章に出てくる人たちを**「不安型」**と呼ばせていただきます。

「回避型」の人は、「どうせ自分は嫌われる」と思っていますが、嫌われて見捨てられるのが「怖い」という、その恐怖感は、感じないように抑圧して、自分で意識しないようにしています。

本当は、怖いから避けているのですが、それを意識しないようにして、「恋愛するのは面倒くさい」と考えているわけです。

いっぽう、ぐいぐい迫ってしまう「不安型」の人は、相手の心が離れることへの恐怖感を、つねに感じて、意識しています。

「怖い」という感情が前面に出てくるので、「見捨てられる！」という危機感を覚えると、パニック状態になりやすいのです。

それで、大騒ぎしてしまうのですね。

相手の心が離れないように、とことん尽くすという行動は、効果のほどはともかく、理屈としては、まだわかります。

でも、嫉妬にかられて、感情的に責め立てるのは、相手を攻撃しているわけで、嫌われるリスクがありますから、得策とは言えないですよね。

それがわかっていても、やめられないのは、怖れからくる「見捨てられ不安」に心身が支配されて、理性でコントロールできなくなってしまうからです。

相手に執着するのは「親を求める気持ち」の暴走

不安型の人の根底にある怖れと不安もまた、幼いころの親子関係からきています。

回避型の人のように、親といて「安心できなかった」のは不安型の人も同じです。

ただ、回避型の人たちが、親に気持ちを否定されたり無視されたりして、放置されていたのにたいし、不安型の人たちは、親にかまってもらっています。

ただそのかまい方が、不適切だったり、不安定だったりしたのです。

母親が、余裕のあるときには、愛情のこもったケアをしてくれたけれど、余裕のないときはじゃけんに扱ったり、下のきょうだいが生まれたとたん、「お姉ちゃんなんだから」ときびしく叱るようになった、そんなケースです。

この場合、回避型とちがって、**「親を求める気持ち」**が強くなります。激しく親を求めながら、いつ、冷たく突き放されるかわからない怖れも同時に抱えている、そんな危うい状態です。

感情の振れ幅の大きい、不安定な幼児期を過ごしたことでしょう。

それが、大人になってからも続いていて、親しい、大切な人にたいして、強く求める気持ちと、突き放されることへの怖れを、両方ともぶつけることになります。

だから、状況によって、激しく、攻撃的な態度になってしまうのです。

この「見捨てられ不安」が強烈な人というのは、幼いとき、母親に、「言うことを聞かないなら、おいていくよ！」などと叱られて、本当においていかれて迷子になった、などのトラウマ体験があることも多いようです。親はしつけのために、軽い脅しのつもりでしただけでも、幼い子どもは無力ですから、「死の恐怖」を感じて、それがトラウマになってしまうのです。

そうすると、大人になってからも、「彼の心が離れるのでは」と感じたとき、無意識に、幼いとき母親に捨てられたと感じたときの強い恐怖が浮上します。それで、過剰反応を起こして、相手を責め立ててしまうのですね。

本人は、「私を見捨てないで！」と訴えているつもりですが、強い恐怖が「過剰防衛反応」を起こさせるので、実際には、かなり攻撃的な態度になっています。

なので、相手の男性は**「理不尽に攻撃されている」**と感じますので、何度もくり返されると、だんだん嫌気がさしてきて、愛想がつきてしまうのですね。

見捨てられ不安が強い方は、自分が相手を「攻撃している」ことに気づいて、ご自身の反応を、トーンダウンするように心がけるほうがいいでしょう。

過剰反応をコントロールする方法については、第5章でとりあげます。

母親と同じことを相手にしてしまうワケ

この章でご紹介した例のなかに、「母親がやっているのと同じ愛情表現（愛という名目の、自身の心配の押しつけ）を、彼にもしてしまう」というお悩みがありました。

この方のように、母親にされてきたことがすごくイヤだったのに、同じことを自分も相手にやってしまっている、ということが、よくあります。

私たち哺乳類は、無力な乳幼児期に、周囲の大人のマネをして生き延びるようにできています。

周囲の大人は、生き延びるのに成功した個体ですから、そのマネをすれば、生き延びられる確率が高まるからです。

これは動物につきものの、**「刷り込み（インプリンティング）」**です。

幼児期に母親を見ていて、身近な人には、このように対応するものなんだ、と学習し、潜在意識に刻み込んでしまうのです。

そして、多くの女性が、同性である母親のコピーをします（なかには、父親をコピーする女性もいます）。その結果、母親が家族にしていたのと同じようなことを、身近な相手にやってしまうのですね。

「私は母親みたいになりたくないと思っていました」とおっしゃる方も多いのですが、たとえば、母親みたいにグチばかり言いたくない、と決めた人は、おとなになってから、グチは言わないでいられますが、意識していなかったほかの面では、母親と同じことをやってしまうのです。

これを変えるには、どうすればいいのかについても、第5章であらためてご説明します。なお、母親だけでなく父親の影響もあるのですが、それについては第4章で触れます。

次の章では、なぜ回避型の人たちが、好きなのに自分から遠ざけてしまったり、不安型の人たちが、嫉妬にかられて大騒ぎしてしまうのか、その原因を、「自律神経のしくみ」という、新しい観点からご説明したいと思います。

第3章

恋愛を楽しめないのは「自分の心配ばかりしてしまう」から

恋愛を楽しめない人の共通点

さて、第1章と第2章で、回避型と不安型について見てきました。

「恋愛低体温症」とは、厳密にいえば、回避型になります。

ですが、現実には、不安型で、つらい恋愛をくり返した結果、いまは恋愛低体温状態という方もたくさんいますので、不安型から恋愛低体温になった方々、という意味で、不安型も恋愛低体温症に含めました。

また、回避型と不安型の両方の要素をもつ**「混乱型」**の方もいらっしゃいます。

この、どのタイプにも共通しているのが、**意識的・無意識的な「不安が強い」**ということです。

不安型の人は、自分のなかの不安と怖れを意識していますが、回避型の人は、意識しないようにしています。混乱型の人の場合は、無意識に相手を遠ざけることもあれば、不安が前面に出てきて「重い女」になってしまうこともある、というわけです。

■自分の心配がやめられない■

さらに、これら3つのタイプに共通する特徴が、もうひとつあります。どのタイプも、「自分はどうせ嫌われる」とか、「見捨てられるのではないか」という自己否定感や不安に囚われているため、せっかく異性とおつき合いがはじまっても、**「自分の心配ばかりしてしまう」**ことです。

せっかく2人でいても、内心では自分の心配ばかりしているから、それでうまくいかなくなる、と言うこともできるでしょう。

恋愛中はだれでも、気持ちが高揚(こうよう)したり、疑心暗鬼になって不安に陥ったりと、精神的に不安定になることがあります。それが「恋愛の醍醐味(だいごみ)」でもあるわけですが、それでもふつうは、不安より、喜びやワクワク感、充実感のほうが大きいものです。ふつうの人は、それほど「自分の心配」をしていないのです。

だから、相手がいまどう感じているかを思いやったり、どうしたら、もっと楽しく過ごせるか、という、ポジティブな方向に意識が向きます。

恋愛低体温症の人たちも、相手のことを考えていますが、不足な点ばかり気にしていたり、**「相手はいま、自分のことをどう思っているのか」**ということにフォーカスしがちで、「自分のための心配」をしてしまっているのですね。

相手に尽くすときでも、「自分が嫌われないため」ですので、相手のためというより、本当は**「自分のため」にやっている**わけです。だからこそ「相手が求めてもいない、自己中心的な自己犠牲」になりがちなのですね。

自分を犠牲にして、さんざん我慢して尽くしているのに、結局、相手に去られてしまうと、どうしても「被害者意識」が強くなります。本人としては、「相手のために」我慢したり尽くしたりしているつもりだからです。それで「男運が悪い」と思い込んだり、自己否定に走ったりしがちです。

でも本当は、自分が嫌われたくないから、自分だけを見てもらいたくて、犠牲をはらったり、我慢したり、尽くしたりしているのですね。

自分のなかの不安から、相手を遠ざけたり、我慢したり尽くしたり責め立てたりしたあげく、相手に去られて傷つき、自己嫌悪に陥って落ち込むのですから、言ってみれば、すべて相手不在の**「一人ずもう」**なのです。

■不安定さを自分でコントロールしようとする■

この「一人ずもう」は、何を意味しているのでしょう?

回避型の人は、相手とは関係なく、ただ距離が近づくだけで不安になるため、それをコントロールしようと、相手を遠ざけて、1人になります。1人になることで、とりあえず落ち着けるからです。

不安型の人は、2人の関係に安心感がもてず、つねに不安でたまらないため、それを落ち着かせるために、無意識に**相手をコントロールしようとします。**

親しい相手をコントロールするやり方には、いろいろありますが、おもに次の3つの方法がとられます。

支配型
怒って攻撃したり、ばかにしたり、罰を与えたりして、強圧的な態度に出て、相手をコントロールしようとする。

従属型
自分が我慢したり、尽くしたり、犠牲になったりすることで、相手をコントロールしようとする。

操作型
同情をさそったり、わざと反発させたり、罪悪感をもたせたりして、相手をコントロールしようとする。

「重い女」がイヤがられるのは、無意識に、相手をコントロールしようとするから。

自分の意思とは関係なくコントロールされるのは、だれだってイヤなものです。
たとえそれが好きな女性であっても、しょっちゅうコントロールされ、振り回されれば、しだいにヘキエキして、ついにはくたびれはてて離れてしまっても、しかたがないですよね。

恋愛低体温症はこうして生まれる

ところで、恋愛に、不安よりも喜びのほうを多く感じる人もたくさんいます。その人たちを、**「安定型」**と呼ぶことにします。

安定型の人たちは、恋愛に限らず、つねに相手に自分の気持ちを伝えていて、たとえケンカをすることがあっても、ちゃんと相互交流ができています。

それにたいして、回避型・不安型・混乱型の人たちは、目の前に相手がいても、内面はつねに孤独で、本音は「脳内独白」にとどまり、本当の意味で相互交流ができていないのです。

これらの差は、第1章、第2章でもお伝えした通り、乳幼児期の母親との関係が安定していたかどうかにあります。

乳幼児期に、お腹がすいたり、おむつがぬれたりして、不快感やストレスがあると、赤ちゃんはむずかって、泣きます。そのときに、母親が、いつも適切に対応して、赤ちゃんを安心させてあげられれば、その子は、ストレスを感じて不快になったときは**「(自分以外の)他者に安心させてもらえる」**ことを学びます。

そして、**相手を頼って、信頼するようになります。**

一時的に母親が不在であっても、かならず戻ってきて安心させてくれるとわかると、落ち着いて待つこともできるようになります。

乳幼児期に、母親といて安心感があった子は、大人になってからの人間関係が、安定したものになります。

相手に本心を伝えることができ、素直に助けを求めることができますし、一緒にいないときでも落ち着いていられるので、疑心暗鬼になりません。

■自分で自分を落ち着かせてきた回避型■

いっぽう、母親があまり対応してくれなかったり無視されていた場合は、その子はストレスを感じたり不快になったりしたとき、「だれも助けてくれない」ことを学びます。

むずかったり泣いたりしても、対応してもらえないと、その子は恐怖を覚えます。このまま死んでしまうかもしれない、とフリーズしてしまうのです。

そのうちに、自分1人でストレスに耐え、心身を落ち着かせるようになり、自分からアピールして助けを求めることをやめてしまいます。

そして、「回避型」の大人になります。

回避型の人が、「1人でいるほうが落ち着く」と感じるのは、赤ちゃんのときから**「自分で自分を落ち着かせる」練習をしてきて、それに慣れているから**です。

回避型の人が、親しくなってくると、相手を遠ざけてしまうのは、乳幼児期に

「(母親を)求めたけれど、応えてもらえなかった」ときの恐怖感が、トラウマになっているから。

つまり、親しくなって、相手を求めたくなるのが怖いから、それ以上親しくならないように、避けてしまうのです。

■子育てのやり方は流行に左右される■

赤ちゃんが泣いたりむずかったりしても、母親が無視するなんて、ありえないと思うでしょうか？

たとえば、母親がウツ状態だったとか、仕事や家事で忙しく、赤ちゃんのそばにいなかったとか、戦後の一時期に流行した『スポック博士の育児書』を信奉して、赤ちゃんが泣いても「抱き癖がつくから」と対応せず、ミルクやおむつ替えは、時間を決めて機械的に世話をしていた、などという場合、母親が赤ちゃんの「求めに応じない」という状況になります。

子育てには、はやりすたりがあり、『スポック博士の育児書』がはやっていたころは、母乳よりも粉ミルクのほうが清潔でよい、とまで言われていました（スポック博士は、晩年に、自説が誤っていたことを認め、謝罪したそうです）。

当時、それを信じた親たちは、子どもの自立のために「よかれと思って」、求めに応じない、という選択をしたわけです。

■騒いで助けを求める不安型■

いっぽう、「不安型」のほうは、赤ちゃんが泣いてむずかったとき、母親が対応はするのですが、その仕方が不適切だったり、やりすぎてしまったりする場合に、なりやすいようです。

赤ちゃんは、母親の対応に満足して安心することもあれば、よけいにストレスがかかって、不快さが増すことも多かったりします。

不快さが増した場合、さらに大泣きしてアピールしますが、それが功を奏することもあれば、逆に母親がぶち切れてしまい、もっと悪化することもあるでしょう。

赤ちゃんは、母親に助けを求めはするものの、対応してもらった結果が、吉と出るか凶と出るかはわからない、そんな不安定な状態に慣れていきます。

安心させてもらえず、かえって不快さが増す可能性があっても、ほかの方法を知らないので、母親を求めるアピールをやめません。

しだいに、不安なとき、ストレスが大きいときに、ぎゃーぎゃー大泣きして、騒いでアピールすることで助けを求める、という行動が身についていきます。

実際には、思い通りの結果が得られることはあまりなく、いくら求めても、安心感は得られません。そのストレスが、アピールのいっそうの激しさとなって、あらわれるわけです。

そして、大人になっても、同じようなことをくり返してしまいます。

このように、不快さやストレスを解消するのに、黙って１人になりたがるか、派手にアピールして他者を求めたがるかが、回避型と不安型のちがいになります。

■回避型と不安型をあわせもつ混乱型■

もうひとつ、回避型と不安型が混ざった混乱型の場合は、赤ちゃんが泣いて助けを求めたときに、無視されるかと思えば、対応してもらえることもあったり、かまわれすぎてさらにストレスになったり、「うるさい！」と怒鳴られたり、ひどくじゃけんに扱われたりなど、母親の気分しだいで、対応がコロコロ変わって予測のつかない状況におかれていたケースが多いようです。

予測のつかない不安から、赤ちゃん自身も、あきらめておとなしくしたり、ときに大泣きしたりと、**ランダムな行動をとる習性**が身につきます。

そして、大人になってからも、人を避けたかと思うと、一転して深追いして騒いだりと、自分でも予測のつかない行動をとってしまいます。

なかには、狂おしいまでに不安が強く、相手の気持ちを試すために、とことん相手を追いつめたり、自殺未遂をしたりするなど、極端な言動に走ってしまう方もいます。

ひょっとしたら、幼児期に極端な行動をとったことで、一時的に母親を独占できたなどの成功体験があって、それをくり返しているのかもしれません。

ここでは、親密な人間関係のあり方が、おおまかに、安定型、回避型、不安型、混乱型、に分けられる、というふうに考えておいてください。

だれにでも恐怖のトラウマがある

先にもお伝えした通り、回避型の人も不安型の人も、人と親しくなってくると無意識のうちに「怖れ」の気持ちが浮上します。

これは乳幼児期、もっとも親しい関係である母親に、適切にケアしてもらえなかったときのショックが、**トラウマ**になっているからです。

トラウマというと、一般には、戦争に行って筆舌に尽くし難い体験をしてきたとか、レイプされた、犯罪被害にあったなど、命にかかわる「特別なできごと」によって生じるもの、というイメージがあります。

ですが、実際には、そうした特別な事件でなくても、トラウマはできるのです。ごく日常的なできごとであっても、強い悲しみ、強い恐怖、強い怒りを感じて、それをあらわせずに我慢して、抑圧すると、その**「未完了の感情エネルギー」は発散されずに体内に留まります**。それがトラウマです。

とりわけ、親子関係によって生じるトラウマのことを、**「発達性トラウマ」**と呼びます。恋愛低体温症というのは、この「発達性トラウマ」と、深くかかわっている現象なのです。

「発達性トラウマ」は、人生のごく初期からはじまり、長期にわたって、日常的に積み重ねられます。

ですので、根が深いうえ、複雑にからみあっていて、なかなか一筋縄ではいかないのです。

私たち哺乳類は、乳児期に、母親に気に入ってもらって授乳してもらえないと、死んでしまいます。

実際には、たとえ母親がいなくても、かわりになる養育者がケアしてくれれば、乳児も生きられますが、ヒトという哺乳類の子は、本能的に母親を求めます。そして、その母親に無視されると、無力な乳児は「死の恐怖」を感じるのです。

赤ちゃんは、言葉は話せませんが、感情はしっかり感じています。

母親に適切に対応してもらえない乳児は、その恐怖感を1人で抱え込んで我慢します。それが、トラウマになるのです。

たとえば、母親が対応してくれず、放置されることが多いと、そのトラウマとともに、「だれも私を助けてくれない」という**「無意識の思い込み」**が刷り込まれます。

もちろん、言葉としてではなく、**無力感や絶望感、孤独感というかたちで、小さな身体に刻み込まれてしまう**のです。

"自分の気持ちがわからない"のはサバイバル・モードだから

私たち人間は、恐怖を感じると、自律神経が反応して交感神経が活性化し、自分の命を守るために**「戦うか、逃げるか」という「非常警戒態勢」**になります。

「戦うか、逃げるか」という態勢になると、筋肉に血液が集まり、心拍や呼吸が速くなり、いつでも戦ったり逃げたりできるように、身体が身構えて、緊張します。

この「戦うか、逃げるか」という態勢になっている状態を、ここでは**「サバイバル・モード」**と呼ぶことにします。

私たちは、目の前の現実に何も危険や脅威がなくても、「トラウマ反応」が起こって無意識に恐怖が浮上すると、瞬時に自律神経が反応し、身体がサバイバル・モードになります。

これは「生きるか、死ぬか」という極限状態ですから、頭もカタくなり、白か黒か、○か×か、正しいか間違っているか、敵か味方か、といった、**「二極思考」**になります。ものごとを、柔軟に考えられなくなるのです。

■サバイバル・モードでは〝感じる〟余裕がない■

サバイバル・モードは、いわば戦争に行って、前線で死にものぐるいで戦っているような状態ですから、「自分が生き延びること」しか考えられません。

「こんなことをしたら、相手がどう感じるだろうか」などと、そんな悠長なことは、戦っている最中には考えられませんよね。

また、サバイバル・モードのときは、**自分が本当は何を感じているかもわかりません**。恐怖や悲しみ、痛みすらも、感じないように、神経をシャットダウンしているからです。

実際に、前線で必死になって戦っていたら、大けがをしていても、痛みを感じません。痛がっている場合ではないからです。安全な場所に戻って初めて、痛みを感じるのです。すでに述べた通り、私たち人間には、生きるために「感じない」ようにできる、そんなしくみが備わっているのですね。

回避型や不安型の人たちが、異性と接していても、つねに自分の心配ばかりしてしまうのは、心身がサバイバル・モードになっているからです。

自分が生き延びることだけにフォーカスしている状態なので、相手に共感したり、気持ちを思いやったり、精神的につながる余裕がないのです。

回避型や不安型、混乱型の人の多くが、慢性的な肩こりや胃腸の弱さがあったり、便秘に悩まされていたり、白か黒かの二極思考になりやすいのではないかと思います。

つぎに、回避型と不安型で、心身に何が起こっているのかを、くわしく見ていきたいと思います。

回避型 親しくなると緊張が高まる

回避型の人というのは、人と親しくなってくると、無意識のうちに、乳幼児期に母親に無視されたときの恐怖感が浮上します。

そして、身体が瞬時にサバイバル・モードになり「非常警戒態勢」になります。

相手の人は何もしていないのに、ただ「親しくなってきた」というだけで、警戒が強まり、緊張して、身構えてしまうのですね。

そして、無意識に、相手を、自分を傷つける可能性のある「敵」と見なしてしまいます。また、潜在意識レベルで「だれも私を助けてくれない」と思い込んでいるので、相手を信頼できません。

警戒して、自己防衛モードになると、どうしても、態度が攻撃的になります。

さらに、回避型の人は、１人に戻ることで、非常警戒態勢を解いて安心するというクセがついています。

本当は「好き」なのに、相手を突き放して遠ざけたり、傷つけるようなことを言って攻撃したりするのは、**自己防衛のために先制攻撃をしかけて、早々に、１人に戻って安心しようとするからです。**

せっかく、好意を抱いて親しくなりたいと思えた相手なのに、いざ、親しくなってくると、トラウマ反応が起こって、無意識に相手を敵視し、攻撃してしまうのですから、じつに悲しいことですよね。

すべては、無意識下で起きる「反応」ですので、自分でも、どうしてそんなことをするのか、ワケがわかりません。

じつは自律神経がサバイバル・モードになっているために、そのようなことが起こるのです。

不安型 親しくなると疑心暗鬼になる

いっぽう不安型の人は、乳幼児期に助けを求めたとき、親が安心させてくれるような、適切な対応をしてくれなかったので、「そうじゃない、もっとこうして！」「どうしてわかってくれないの！」と、激しくアピールするクセがついています。

不安型の人のトラウマは、「期待を裏切られた」ときのショックです。

助けを求めたのに、とんちんかんな対応をされたり、じゃけんに扱われていっそう恐怖や悲しみを感じて失望した、そんな感情を抑え込んできたので、それがトラウマになっています。

不安型の人も、人と親しくなると、トラウマ反応が起こって、やはり神経系が警戒態勢になります。失望させられるのではないか、悲しい思いや怖い思いをさせられるのではないかと、怖れるからです。

だから、そうならないよう、なんとか自分で事態をコントロールしようと、一生懸命、相手に合わせたり、尽くしたり、攻撃したり、同情を引いたりと、あらゆる手段を講じます。

それでも、「私の期待は裏切られる」という、潜在意識レベルでの思い込みがあるので、結局、その通りになってしまったり、まだ裏切られたわけでもないのに、相手に強い怒りを感じたりします。

「どうせ裏切られる」という思いが根底にあるせいで、相手を信じられないし、ちょっとしたことで、すぐ疑心暗鬼になってしまうのですね。

回避型の人が、1人になって落ち着こうとするのにたいして、**不安型の人は、自分が落ち着くために、他者を必要としています。**

そのため、「わかって」アピールや、「もっとこっちを見て」アピールが、いっそう激しくなるのです。

サバイバル・モードの親が あなたを振り回す

ここまで、回避型と不安型について、乳幼児期の母親との関係によってできたトラウマと「無意識の思い込み」を手がかりに、説明してみました。

いずれも、恐怖のせいで緊張して「戦うか、逃げるか」となったとき、**回避型は「逃げる」を選び、不安型は「戦う」を選んでいる、**と言えるかもしれません。

回避型は、孤独に逃げ込み、不安型は、どこまでも相手にアピールして戦おうとするのです。

このようなサバイバル・モードのままで、結婚したり、子育てをすると、またいろいろな問題が生じてきます。

つねに緊張して張りつめた状態になっていて、無意識に、自分を守ることに汲々としてしまい、夫や子どもの気持ちを思いやることができないからです。

自分の不安でイッパイイッパイで、焦燥感にかられて、「ねばならない」に追い立てられていたら、いつも不機嫌で、夫や子どもに小言ばかり言うことになり、楽しい家庭、温かい家庭を築くことはむずかしくなります。

■無意識に母親のダメ出しを怖れている■

いまは核家族化がすすんで、親子の距離がきわめて近くなり、子どもに及ぶ親の影響が非常に大きくなりました。

子どもが何歳になっても、あれこれと口を出し、**干渉してくる親もまた、サバイバル・モードなのです。**

不安型や回避型にかぎらず、恋愛がうまくいかない要因に、このようなサバイバル・モードの**「母親のダメ出しを怖れる」**ということがあります。

本来なら、もう大人なのですから、母親が気に入らない相手と恋愛したり、結婚したりすることは可能です。

ですが、母親の支配が強烈で、従わざるをえなかったり、あるいは、母親との関係が不安定な人ほど母親の意向が気になってしまう、といった傾向が見られます。

いくつか、例をあげてみますね。

親につきまとわれている女性

30代で離婚して、十数年ぶりに、男性とおつき合いしましたが、2年半、私としては一生懸命尽くした末に振られました。

一度目の結婚のときは、父が「まだ結婚は早い」と言い、結婚を遅らせた経緯があります。結婚しても、どうしても私の両親が入ってきてうまくいかず、結局離婚しました。

今回は、母親が、彼の実家が田舎であることを心配し、「田舎は無理よ。大変よ」と私に不安を押しつけてきました。

何かと、親がつきまとい、息苦しいです。

そのせいか、恋愛がスムーズにいきません。

いまは、実家で世話になり遠距離恋愛をしていますが、いい大人なのに、どこかへ出かけるときも、親になんと言って出かけようか？　不自然に思われないか？　などと、気にしてばかりいます。

母親に縛られている女性

いまの彼と結婚を考えているので、母親と私と彼の3人で食事に行ったことがあります。母は食事の際、楽しそうにしていたので、「以前の彼とはちがい、今度は大丈夫かなあ」と思っていましたが……。やはり、日がたつにつれて、彼の評価はマイナスになりました。

少し前に母親と、そのことについて話す機会があったのですが、「私にとってあなたはとても大切な娘で、大事に大事に育ててきたのに、あんな男とつき合っていると思うと悲しい」と泣きながら言われました。

結局、母親はどんな人とつき合っていても、いい顔をしないのです。

どんなに高学歴で、高収入で、見た目がいい人を連れていっても、最終的には私を縛るのだろうなという恐怖というか、面倒くささで悩んでいます。

いずれのケースも、心配性で、子どもの人生に介入して、自分の思い通りにせずにはいられない、支配の強い親たちが登場します。

かれらは、**子どもの結婚相手は、親の望み通りの相手であるべきだと思い込んでいます。**

もう成人して、いい年になっている娘であっても、そこまでコントロールしようとするのは、これまた、不安でたまらないから、なのですね。

もうひとつ、支配の強い親たちは、無意識に、子どもをいつまでも手元に置いておきたい、そばにいて自分を支えてほしいとも、願っています。

潜在意識レベルでは、子どもに頼りたい、いつまでも話し相手になってほしいという、依存心を抱えているのです。

そのため、結婚した娘の夫の悪口を言い続け、娘を離婚させて、自分の手元に取り戻すことすらよくあります。もちろん、すべて無意識におこなっており、口では、娘が出戻ってきて大変だ、などと不満を言っていたりするのですが。

そんな、支配的であると同時に、子離れできない、子どもを自立させられない親が、若い世代の恋愛・結婚のネックになっていることが、いまとても多いのです。

■親もトラウマをもっている■

私のカウンセリング経験では、そうした親は、戦中戦後の**「食うや食わず」時代の恐怖感**がトラウマになっていて、「衣食住の確保」が何よりも重要だと思い込んでいます。

娘のつき合っている相手や、婚約相手の学歴や職業に、強くこだわるのは、「娘が一生、食いっぱぐれない相手かどうか」が何より大事で、少しでも不安要素があると、心配でたまらず、口を出さずにいられないからです。

しかも、時代遅れな思い込みも多いため、ひと昔もふた昔も前の「常識」に囚われています。サバイバル・モードで頭がカタいので、「職業は○○でなければダメ」などと思い込んでいるのですね。

さらに、**「勝ち負け」**に強くこだわる親御さんの場合は、親戚に負けたくない、ご近所に負けたくない、という理由で、周囲に見栄をはれるような条件のととのった相手でないと許さない、ということにもなりがちです。

ちなみに、この「勝ち負け」へのこだわりは、どうやら**敗戦トラウマ**からきているようです。無意識に「負けたら死ぬ」と思い込んでいるせいで、勝つことに強迫的にこだわってしまうのです。

そんな親たちは、頑固な二極思考で、「自分は正しい」と思い込んでいることが多く、いっそうやっかいです。自分のダメ出しや干渉が、当の娘を傷つけていることには、まったく思いが至りません。

とにかく自分の思い通りにさせないと、気がすまないのです。子どもの気持ちを汲めない、心配性で過干渉な母親のことを、私は**「毒母」**と呼んでいます（この「毒」とは、不安のことです）。

世間体を気にするので、外づらはいいことが多く、はた目には、いい母親に見えます。でも、子どもの気持ちは無視していて、娘だけが人知れず悩んでいる、そんなケースがいま、とても多いのです。

困った親の対処法については、前著『お母さん、私を自由にして！』（飛鳥新社）にくわしく書きましたので、どうぞそちらをご覧ください。

無意識に「親への怒り」を相手に向けている

どうでしょうか？　ここまで読んできて、あなたはご自身のことが、少しわかってきたでしょうか？

回避型にせよ、不安型にせよ、相手を傷つけてしまうことがよくあります。

本当は、信頼関係を求めているのに、相手が傷つくことを言って遠ざけたり、ぐいぐい迫って攻撃したりしてしまうのは、根底に、幼いころ、求めに応じて安心させてくれなかった母親への怒りがあるからとも言えます。

ですので、本当は母親に感じている怒りを、関係のない他人に八つ当たりでぶつけていることになります。

ただし、その母親への怒りは、自分では意識できないことも多いでしょう。

この怒りには、じつは、父親にたいするものもあります。

本当は父親にも「こっちを見てほしい」「大切にしてほしい」「守ってほしい」という強い思いがあったのに、それがかなわなかった場合、その悲しみがいつしか怒りに変わり、父親のかわりに彼氏や夫に八つ当たりしていることがよくあるのです。

この父親への怒りも、自分では気づけないことが多いです。

ここでもう一度、安定型・回避型・不安型・混乱型について整理しておきますね。

☑ 安定型

乳幼児期に、母親に助けを求めたときに母親が適切に対応して、安心させてくれた。

母親がすぐに対応できないときでも、少し待てば対応してくれ、安心することができた。

その結果、「自分が求めれば、かならず助けてもらえる」という安心感・信頼感が刷り込まれ、他者と相互交流し、協調して、困難やストレスを乗り越えることができる大人になる。

また、相手がすぐに対応できなくても、落ち着いて待ち、自分1人で神経系を調整することもできる。

安定型の人は、「安心・安全」を感じながら、他者といることをリラックスして楽しめる「つながりモード」でいられることが多い。

☑ 回避型

乳幼児期に、母親に助けを求めても、何らかの事情で母親が対応してくれず、無力感や絶望感、孤独感を感じていた。そして、それを抑圧し、生き延びるために自分1人でストレスに対処するようになった。

その結果、「求めても、だれも助けてくれない」という思い込みができ、大人になってから、困難を前にしても、だれにも頼らず、自力で何とかしようとする。

回避型の人は、他者にたいして安心感・信頼感がもてず、つねに警戒態勢で緊張している「サバイバル・モード」でいることが多い。

警戒心が強いと、人のアラ探しばかりしてしまい、だれにも頼らずにすむよう、人を遠ざけて、ストレスから逃れて1人で落ち着こうとする。

☑ 不安型

乳幼児期に、求めに応じてもらえたかと思うと、冷たくじゃけんにされたりと、不安定かつ不適切な対応をされることが多かった。その恐怖感を抑圧して、戦々恐々としながらも、いつかは安心させてくれるかもしれないという期待から、いっそうアピールして、助けを求めるようになった。

「求めても、期待は裏切られる」という思い込みをもちながら、他者に期待しつづけるので、すがったり、怒りをぶつけたりと、激しい対応をしがち。

不安型の人も、他者にたいして安心感・信頼感がもてず、つねに警戒態勢で緊張している「サバイバル・モード」でいることが多い。
「自分だけを見て」「私を見捨てないで」という、相手にたいする要求とコントロール欲が強く、不安が強まるほどに、言動が激しくなりやすい。

☑ 混乱型

回避型と不安型の両方の要素をあわせもつ。

さて、回避型、不安型、混乱型の人たちが、恋愛低体温症から脱するための対策について考える前に、次の章では、私たちがなぜ、乳幼児期の体験をずっと引きずってしまうのか、さらに、人生とはどのようにできているのかについて、ご説明しておきます。

第４章

自分のなかにある
人生のシナリオを見直そう

親にネガティブなイメージを刷り込まれるとき

恋愛低体温症の人たちは、おそらく恋愛だけでなく、いろいろな面で、「生きづらさ」を感じているのではないでしょうか。

赤ちゃんのときに、母親に適切な対応をしてもらえなかった場合、どうしても、その後も適切に対応してもらえないことが多くなります。

母親自身がサバイバル・モードで、子どもの気持ちを思いやることができない場合は、とくにそうなりがちです。

すると、「はじめに」にも書いたように、大人になってから、

・相手の顔色をうかがってしまい、思ったことが言えない
・自分の言ったことがまずかったのではと、くよくよ悩んでしまう
・人に頼ったり、相談したり、甘えたりできない

などといった症状に、悩まされることになります。

サバイバル・モードでつねに張りつめた状態の母親に合わせて、母親の機嫌をそこねないように気をつかう習性が、身についているからです。

子どものときに、自分の気持ちより、母親の機嫌を優先してきたため、大人になってからも、人にやたらと気をつかって疲れてしまうのです。

■サバイバル・モードの親が子どもの自己肯定感を下げる■

サバイバル・モードの親たちは、気持ちに余裕がないため、安心したり、喜んだり、満足したり、ほめたり、ということができません。

それどころか、不足な点や、アラばかり目についてしまい、「どうして、もっとうまくできなかったのか」などと、子どもを責める言葉が飛び出します。

さらに、先にも述べたように「勝ち負け」にこだわりますので、すぐ、人とくらべて子どもを責め立ててしまいます。

何につけてもそんな調子ですから、子どもはどう頑張っても達成感がもてず、劣等感ばかりがつのり、自己肯定感が低くなります。

子どもはだれでも、親に喜んでほしいし、認めてほしいと思っています。なので、せっかく何かがうまくいっても、水を差すようなことばかり言われれば、「私は何をやってもダメなんだ」と、思い込んでしまうのです。

そして、何か新しいことをやろうとするたび、「どうせうまくできっこない」「ムダだ」と悲観的な思いが先走り、積極的になれません。

また、サバイバル・モードの親は、競争相手に勝つこと、完璧にできることを子どもに求めるいっぽう、失敗を過剰に怖れ、子どもにチャレンジさせることができません。

子どもがチャレンジして頑張っていると、「そんなに無理しないほうがいい」とか、「どうせダメなんだから」などと言って、子どものやる気をそいで安全な道を選ばせようとします。

そのくせ、子どもが何も頑張っていないと、こんどは、こんな調子では将来どうなるんだ、と不安になってしまい、「おまえはどうしようもない」などとなじります。

これでは、子どもは、いったいどうすればいいのか、さっぱりわからなくなります。

このように、親がサバイバル・モードの場合、回避型・不安型・混乱型の人たちは、その後の子ども時代もひきつづき、親に不適切な対応をされて、ネガティブな自己イメージを刷り込まれてしまう確率が高いのです。

ではなぜ、子ども時代の親の対応が、大人になってからも尾を引いてしまうのでしょう？

3歳くらいまでに「生きるプログラム」の土台ができる

じつは、私たち人間は、思春期が終わるころまでに、**「生きるためのプログラム」**を完成させてしまいます。

そのプログラムは、胎児のときから作成が始まっているようです。

そして、3歳くらいまでに、身近にいた大人たちの対応によって、**「この世が安全か、危険か」**という世界観がつくられます。

母親の心が安定していて、いつもニコニコして、子どものニーズに適切に応えていれば、子どもは、

・この世は安全で、楽しいところだ
・ありのままの自分を受け入れてもらえる
・自分には価値がある
・自分は生きていていい

と感じることができ、それが生きるためのプログラムの土台となります。

この場合は、子どもはどこにいても、安心して、リラックスしていられるし、**「生きるのは楽しい」**と喜びを感じながら生きられます。

逆に、お母さんの心が不安定で、いつも不機嫌で、怒ってばかりいて、子どもの求めにも応じてくれなければ、子どもは心底、恐ろしい思いをしますので、

・この世は危険だ
・自分はありのままでは受け入れてもらえない
・お母さんの気に入るようにしなければ育ててもらえない

・自分はありのままでは生きる価値がない

と感じて、それがプログラムの土台となります。

すると、どこへ行っても警戒してしまうし、たとえ自宅で家族といても、無意識に緊張しています。つねにストレスがあり、「生きるのはつらい」と感じながら、困難な人生を歩むことになります。

こんなふうに書くと、「幼いころにつくられたネガティブな土台のせいで、私は一生、困難な人生になるんだ」と落ち込んでしまうかもしれません。

でも、現実には、いまの日本で3歳までまったく怖い思いをせずに育つ子は、ほとんどいません。なぜなら、戦後の日本の子育てが、子どもよりも親の都合を優先していて、1歳になって歩けるようになると、親がしつけのために、よく叱るようになるからです。

ですので、だれもが大なり小なり、ネガティブな思い込みを、プログラムの土台にもっています。

その程度の差が、生きづらさの差になるのです。

この3歳くらいまでにできあがる世界観が、その人のパーソナリティの土台となり、「3つ子の魂」になるのではないかと考えています。

この土台の上につくられる「生きるプログラム」は、本能的な**「刷り込み（インプリンティング）」**と、おもに親との関わりでできる**「無意識の思い込み」**、そして**「幼児決断」**によって、できています。

それらが**「人生のシナリオ」**になっていくのです。

思春期までに無数の「無意識の思い込み」が刷り込まれる

さて、生まれてから6、7歳くらいまでの子どもは、自分が見聞きしたことを、すべてそのまま潜在意識にインストールし、日々、「生きるプログラム」をつくっていきます。

よくも悪くも、周囲の大人を観察して、それをそのままインストールしていくのです。

このとき、ふつうは、**母親が「女性」の原型となり、父親が「男性」の原型となり、家族が「集団」の原型となります。**

たとえば、両親がたがいを思いやって、家族が平穏に暮らしていれば、「お父さんとお母さんは、いつもたがいに思いやって暮らすんだ」と学習し、「男と女はたがいに思いやる」「集団でいるのは楽しい」「集団に属することは心地よい」というプログラムになります。

逆に、両親が、毎日のように激しくケンカしているのを見せられれば、その善し悪しをジャッジすることなく、「お父さんとお母さんは、いつも争うんだ」と学習します。

すると、「男と女は敵対する」「集団のなかにいるのは怖い」「集団に属するのは居心地が悪い」というプログラムになります。

また、お父さんがお母さんを殴っているのを見れば、「男は女を殴る」がプログラムに組み込まれます。

お父さんが威張っていて、お母さんがいつもつらそうに従っていれば、「男はいばるもの」「女は我慢して従うもの」「女はつらい」などと学んで、そのままインストールします。

そうした情報は、ダイレクトに潜在意識に入って、**「無意識の思い込み」**になります。

すると、大人になってから、アタマでは「女性も社会的に活躍して、男性と同等に生きていい」と考えていても、ハラの潜在意識には「女は我慢して従うもの」という思い込みがあるため、無意識のうちに、我慢して従う人生を選んでしまうのです。

■10歳をすぎるとプログラムの書き換えができる■

この「無意識の思い込み」は、思春期が終わるまで、どんどんプログラムに組み込まれていきます。

ただ、10歳をすぎて思春期に入ると、自分にとって都合がいいか悪いか、というジャッジをしたうえで、インストールするようになります。

思春期にはまた、幼児期の思い込みを、書き換えることもあります。

たとえば、幼児期には、母親が怖くて、「自分の気持ちより、母親の機嫌のほうが大事だ」と思い込んで、つねに顔色をうかがって「いい子」にしていた。でもその戦略が功を奏して、無事に思春期になり、「もう大丈夫だ」と思えると、プログラムを書き換えて、「いい子」をやめて、自分の気持ちを優先して行動するようになる、ということです。

逆に、子どものころは、親に反抗していたけれど、思春期のあるできごとにショックを受けて、「母親には従わなければいけないんだ」という思い込みに変わることもあります。

そうやって、思春期の終わりごろまでに、私たちは「生きるプログラム」を完成させていきます。

そして、その後は、そのプログラムにのっとって、生きていきます。

つまり私たちは、**子どものときに刷り込まれた無数の「無意識の思い込み」の通りに、毎日を生きているのです。**

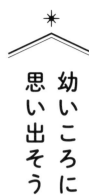

幼いころにあなたが決めたことを思い出そう

さらに私たちは、「無意識の思い込み」をもとに、ごく幼いときに、さまざまな、重要な決断をします。これを**「幼児決断」**と言います。

そのひとつが、幼いとき身近にいた大人のだれかを選んで、**生き方をコピーする**というものです。自分がだれのマネをして、どう生きるか、という選択・決断を、私たちは、幼いときにしているのです。

地縁血縁のコミュニティが存続していた時代は、幼い子どもの周囲に、たくさんの大人たちがいたので、子どもは〝なりたい大人〟を選ぶことができました。

ですが、核家族化がすすんだいま、たいていは、母親か父親のどちらかの人生をコピーすることになります。

ふつうは、同性の親、娘ならば母親を、息子なら父親の生き方をコピーしますが、母親の生き方を拒否して、父親をコピーする娘もいます。父親を拒否して、母親をコピーする息子も、いるかもしれません。

そして、コピーした親から**「認められたい」**と、心底願っています。

この「認めてほしい」という気持ちは、意識していることもありますが、無意識レベルにとどまり、本人は気づいていないこともよくあります。


たとえば、母親が専業主婦で、家事と子育てに専念していた。そして父親の影が薄かったり、母親が父親を悪く言っていたりして、父親のイメージがよくないと、娘は母親の生き方をコピーして、同じように主婦になります。

そして、家庭生活や子育てに成功して、母親に認めてもらおうとします。

なかには、母親より子どもを１人多く生むことで、母親を超えようと、無意識に決めていることもあります。配偶者にたいしても、母親の父親にたいする態度をコピーして、見下したり、軽んじたりすることになりがちです。

逆に、母親のパーソナリティや生き方に否定的で、父親の生き方をコピーした娘は、仕事に生きるようになります。ずっと独身を貫いたり、結婚しても仕事にエネルギーを注ぎ続けたりします。

いっぽう、親のこういうところがイヤだ、自分は絶対にそうはならない、と決めて、親とちがう行動や考え方を選択することも、よくあります。

ただし、その場合でも、「変える」と意識したことは変わっていますが、とくに意識しなかったことについては、親をそのままコピーしていることが多いのです。

このように、私たちは、ごく幼いころからの「無意識の思い込み」と、「幼児決断」によって、おおまかな「人生のシナリオ」をつくっています。

人生は、自分でつくったシナリオ通りになっている

私たちが人生で経験することはみな、思春期までの経験をもとにつくった「生きるプログラム」＝「人生のシナリオ」の通りになっています。

その「人生のシナリオ」は、

- **刷り込み（インプリンティング）**
- **無意識の思い込み**
- **幼児決断**

の３つでできています。

「無意識の思い込み」はことごとく、何度も現実になって、くり返し体験しますし、「幼児決断」で決めたことは、見事にその通りになっています。とくに決めなかったことは、「刷り込み」として、過去と同じことをくり返しているのです。

ただ、「刷り込み」も「無意識の思い込み」も「幼児決断」も、自分では意識できないことが多いです。

「無意識下にあること」をくり返していますので、自分では、なぜ現実がこうなっているのか、その原因に、なかなか気づけないのですね。

ですが、この**「くり返しの法則」**が腑に落ちてくると、現実の見え方が変わってきます。

■なぜいつも同じ失敗をくり返すのか？■

たとえば、私のカウンセリングのお客様に多いのですが、子どものころ、いつも親に理不尽に怒られていたという方は、大人になっても職場やいろいろな場面で、すぐ怒られたり、理不尽に責められたりします。

いっぽう、親に放置されていて、ろくに怒られもしなかった、という方は、大人になっても、周囲から放っておかれて、怒られることもありません。

「私は理不尽に怒られる」あるいは「私は放置される」という「無意識の思い込み」の通りになっているのです。

また、これもよく見られることですが、支配的な親のもとで育ち、生きるために「支配に従う」という選択をした人は、大人になって結婚してからも、モラハラをする夫や義両親の支配に従わされて生きていることが多いのです。

逆に、親に支配されてきたことに強く反発し、「自分は二度と人の支配を受けない」という決断をしていれば、大人になってから、人に支配されることはなく、むしろ、自分が支配する側にまわります。

ご相談者のなかに、こんな方がいました。

夫が、思春期の娘たちの肩ばかりもって、自分がやることなすこと否定する、という、ちょっと変わったお悩みでした。

年頃の娘たちに、「帰りが遅くなるときは、せめてメールするなりして、連絡してほしい」と、ごくまっとうなことを言っただけでも、夫がすぐさま飛んできて「子どもになんてことを言うんだ！」と、妻を咎めるのだそうです。

くわしくうかがってみると、その女性は子どものころ、母親に理不尽に怒られたり責められたりするのがとてもつらかった、そのとき彼女の父親は、娘の言い分を聞きもせず、全面的に母親の肩をもって、一緒になって自分を責め立てたそうです。

つまり、この方は、子どものころ、「母親ではなく、娘の味方をする父親」を心底求めたのです。そして、無意識のうちに、「自分は、妻より子どもの味方をする人と結婚しよう」と決めたのでしょう。

それが、見事に実現しているのです。

ただ、夫が娘の肩ばかりもって、自分だけ咎められることのつらさまでは、子どものころには予想できなかった、ということです。

■不倫をくり返してしまう理由■

不倫をくり返している人もいますが、私のカウンセリング経験では、原因は2通りあるようです。

ひとつは、無意識に、母親にダメ出しされることを怖れて、親に紹介せずにすむような相手を選んでいる、ということです。

もうひとつは、父親が自分のことを見てくれない、いちばんに愛してくれない、と子どものころに感じていたけれど、その悲しい思いを抑圧して忘れてしまった。そんな場合、その悲しみがトラウマになっていて、「私は愛する人に、最優先で大切にしてもらえない」という思い込みができます。

その結果、自分を最優先できない人を愛して、同じ悲しみを再体験する、ということをくり返すのですね。

このように、人生のあらゆる経験が、自身の「無意識の思い込み」や、自分でつくった人生のシナリオの通りになっているのです。

恋愛低体温症の人たちの場合は、「だれも助けてくれない」とか「私は嫌われる」「私の期待は裏切られる」「私は見捨てられる」といった、「無意識の思い込み」が、現実になっているわけです。

そう聞くと、「じゃあ、もう未来は絶望的なの?!」と思ってしまうかもしれませんね。

じつは、これらの「無意識の思い込み」や「幼児決断」は、**気づくことで変えることができます**。

気づかないで、無意識のままだと、それに翻弄（ほんろう）される人生になりますが、気づいて意識化し、「変える!」と決めることで、すでに完成していた人生のシナリオを修正することができるのです。

それについては、第5章であらためて、ご説明しますね。

父親との関係を見直そう

さて、人生において、異性とどのように関わるかの決断には、女性の場合は父親が、男性の場合は母親の影響が、大きくかかわってきます。

なにしろ、父親が「男性像」の原型になり、母親が「女性像」の原型になっているからです。

男性のそばにいると、何かしら過剰反応が起こる、つき合う男性とかならず激しいバトルになる、などのパターンをくり返している方は、それは相手のせいではなく、「自分がそういう人生のシナリオをもっているのかもしれない」と疑ってみる必要があります。

つまり、もともとは自分のなかにある「父親にたいする感情」が、そのパターンの根っこにあるのかもしれない、ということです。

父親にたいする怒りや恐怖、ずっと抑圧してきたウップンを、父親のかわりに彼氏にぶつけているのということが、本当に多いのです。


両親が不仲で、毎日のように、母親から父親のグチや悪口を聞かされていれば、父親のイメージは、実際以上に悪くなります。

そして、「男は身勝手」「男は家族に迷惑をかける」「男は敵」といった「無意識の思い込み」が容赦なく刷り込まれます。

子どものころ、父親が怒鳴ったり、手を挙げたりして、恐ろしかった場合、「男は怖い」という思い込みが刷り込まれ、大人になってから、男性がそばに近づくだけで、居心地が悪くなったり、妙にイライラしたりします。

トラウマ反応が起きて「怖い」が浮上しているのですが、前にも述べた通り、私たちは「怖い」を意識しないようにフタをする習性があります。

その結果、男を毛嫌いして遠ざける、という決断をしている人もいるでしょう。

ですが、多くの場合、女性は母親をコピーしているので、結局は、父親のような男性と結婚し、母親と同じように、夫に不満が強く、夫のグチばかり言う結婚生活を送ることになったりします。

■いつのまにか同じような人を選んでいるワケ■

ただ、やっかいなのは、娘にとって父親は、「異性の親」であり、「初恋の人」のような存在であるため、多くの女性が、父親を、実際よりも、美化して見ているということです（もちろん、例外もあります）。

「父はやさしくて、理想の男性です」とおっしゃるご相談者も、ときどきいらっしゃいます。

ですが、つき合っている彼氏にはすごく不満があったり、男性が苦手だったりする場合には、じつは、本人も気づいていないけれど、子どものころ、父親に我慢させられてきた、怖かった、ということなのです。

意識のうえでは、「やさしい父で、かわいがってくれた」と思っていたのが、よくよく記憶をたどってみると、本当は、母の暴言から、一度も守ってくれなかった、とか、いざ相談しようとしたら、ろくに話も聞かずに逃げてしまった、とか、いつも母親の言いなりで、主体性も意志も感じられない人だった、などの実態が、浮き彫りになってきます。

そこに気づけると、それらが男性にたいする「思い込み」になっているからこそ、つき合う男性が、父親のように頼りにならない、主体性のない、無責任な人ばかりだったのだと、納得がいくわけです。

逆に、横暴な父親がイヤでたまらない、と意識していたにもかかわらず、なぜか父親みたいな男性とかかわって苦労している、ということも、よくあります。

暴力をふるう父親がイヤでたまらなかったのに、結婚したら、夫がＤＶ男だった、ということも、よく聞きます。

この場合、アタマでは、「イヤだ」と思っていたけれど、人生のシナリオに、「男は横暴だ」「男は女に暴力をふるう」と書いてあって、それが現実になっているのです。

逆に言えば、子どものとき、女性を殴る男性を一度も見たことがなければ、その人の人生には、女性を殴る男性は登場しません。

その人の人生のシナリオには、「暴力をふるう男」が登場しないからです。

■男性は母親を美化している■

男性もまた、つき合う女性や配偶者に、母親を投影しますが、男性にとって、母親のトラウマというのは、さらに強い抑圧がかかっていて、ふつうは意識化できません。

私のカウンセリング経験では、女性のお客様に既婚の兄弟がいる場合、「義理の姉(妹)が、母そっくりなんです」とおっしゃることが多く、男性の場合、無意識に、母親に似た人を伴侶に選ぶ傾向が見られます。

口うるさい母親の小言を、右から左にスルーするクセがついていた男性は、口うるさい彼女や妻の小言を、やはりスルーしていたりするわけです。

しくみとしては男女とも同じなのですが、女性が父親を美化する度合いよりも、男性が母親を美化する度合いのほうがはるかに強いため、つき合う彼女や配偶者への不満が、もともとは母親に我慢してきたことだなどとは、とうてい受け入れがたいと感じる男性が多いようです（もちろん、例外もありますが）。

■父親の不在が引き起こすこと■

もうひとつ、**家庭内では、父親が「社会」を象徴します。**

ですので、父親とのつながりが良好で、父親の庇護（ひご）が得られれば、社会適応もスムーズにいきやすいのですが、父親が不在であったり、まったくアテにならなかったり、あるいは、ものすごく怖かったなど、家族にとって害となるような否定的な存在であった場合は、社会にたいして不安が強く、ストレスを感じやすくなります。

父親の存在感が希薄だったとか、子どものころに両親が離婚して父親不在だった、という場合、どうしても、母子密着の関係が続いてしまい、第三者とのバランスのとれた人間関係がとりにくくなると言われています。

一対一の二者関係で、相手に母親を投影して、過剰に求めてしまい、親しくなりすぎたり、依存しすぎたり、独占しようとしてしまう場合もあるかもしれません。

とくに、不安型の人のなかには、幼いころ、父親と安心できるつながりがもてなかったという方もいると思います。

というわけで、第1章、第2章では、おもに母親との関係をとりあげましたが、じつは父親の影響も大きく関わっており、とりわけ「不在の父親」も、やっかいな影響を及ぼすということを、頭の片隅に置いておいてください。

まだ結婚は考えていないシナリオ作成中の10代の方へ

ところで、いまこの本を読んで、恋愛を楽しみたいと思っている方のなかには、10代の方もいるかもしれませんね。

まだ、人生のシナリオを作成中に、このようなしくみを知ることができたあなたは、超ラッキーです！

なぜなら、作成中は、自分の思い込みや選択・決断を変えることが容易だからです。

私のお客様のなかには、「小学3年生のとき、自分のキャラを変えました」などとおっしゃる方がいます。

低学年まではおとなしくて暗い性格だったけれど、これじゃまずいと思って、4年生から明るい性格に変わりました、といったお話を、ときおりうかがうのですね。

小学生であれば、自分で「こうしよう」と決めると、すぐに変われるのです。

まだ、「生きるプログラム」を作成中で、いくらでも直せるからです。


本書の読者には、さすがに小学生はいないだろうと思いますが、思春期であれば、修正可能です。あるいは、20歳そこそこであっても、修正できます。

もし、自分の性格で、いやなところ、嫌いなところがあるなら、「どうしてこうなんだろう」と悩むのではなく、**「こう変えよう」と決めてください**。

できるだけ具体的に、こういうときは、こんなふうに行動する性格に変わろう、と、ハラから強く思ってください。本気で決めれば、かならず変わります。

「こう変わりたいなあ」ではなく、「こう変わる！」と決めるのが肝心です。

また、将来についても、「○○になったらいいな」「○○になりたい」ではなく、「○○になる」と決めておくと、本当にそうなりますよ。

ぜひ、やってみてくださいね。

また、もしあなたが、心配性で支配的な親の干渉に悩んでいたり、親の心無い言動に傷ついて苦しんでいるなら、「親はたんに、自分が不安でたまらないんだ」と考えてください。

そして、**ひどいことを言われても、その言葉を真に受けないでください**。

親自身が不安にかられて、過剰反応し、ワケのわからないことを言ったりしたりしているだけですので、文字通り受けとる必要はないのです。

親と心理的に距離をおいて、冷めた目で、親を客観視してください。

そして、自分にとって必要なことを、着々と進めてください。

親に自分の人生を支配されないように、戦略的に自立への道を探ってください。

心配性で支配的な母親にも、いろいろなタイプがあり、対応もちがってきます。くわしくは、『お母さん、私を自由にして！』を参考にしてくださいね。

人生のシナリオは自分で変えられる

ほとんどの読者の方は、すでに「生きるプログラム」や「人生のシナリオ」を作成終了して、もう何年もたっているかと思います。

とくに結婚については、「無意識の思い込み」や「幼児決断」によって、自分がどうするかを、子どものころに決めていることが多いようです。

ただ、自分がどう決めたかを、すっかり忘れてしまっているので、そこがやっかいなのですが。

逆に言えば、いまは恋愛低体温症でお悩みでも、ハラのなかにあるシナリオに「私は○○な人と結婚する」と書かれていれば、いずれその通りになります。

私のお客様は、30代以上の女性が大半ですが、ご家庭をもって子育てをしている方もいれば、結婚はしているけれど子どもをもつ気はないという方もいます。結婚していない方も、たくさんいます。

独身の方のなかには、幼いころ、両親の関係が悪かったせいで、結婚生活にネガティブなイメージしかもてず、とても家庭をもつ気になれない、とはっきりおっしゃる方もいます。

いっぽうで、意識のうえでは「結婚したい」と思っているけれど、婚活がなかなかうまくいかず、頑張ってはいるけれど、あいかわらず独身のまま、という方もいます。

意識している・していない、といううちがいはありますが、いずれも、じつは子どものころに、「私は結婚しない」と決めている可能性があります。

たとえば、ご相談者のなかに、こんな方がいらっしゃいました。

結婚・出産を避けていた女性

私は早々に、結婚も出産もあきらめた人間ですが、最初に「私は子どもを産まない、結婚もしない」と決めたのは、おそらく小学生のころだったと思います。

生きづらさに耐え難くなると、「このつらさは私で終わるんだ」と心のなかで叫んでいました。

そうすると、気持ちが楽になったからです。

また、「こんなにつらい思いを、自分が産んだ子どもにさせてしまったら……私がその原因になってしまったら……あまりにつらすぎて、私はとても生きていけない！」とも思っていました。

この思い込みから楽になる方法が、「私は子どもを産まない、結婚もしない」だったのですね。

つまり、「私は子どもを産まない、結婚もしない。だから私は生きていい！」そう思い込んでいたようなのです。

それに気づいたとき、私がこんなにも結婚・出産をかたくなに拒否していたのは、生きるためだったんだ、と、すとーんと腑に落ちました。

結婚はしてもしなくても、どちらでもいい、と私は思っています。

ただ、異性から好意を持たれそうだと察すると、わざと嫌われるような言動をしてしまい、そんな自分に自己嫌悪……というパターンだけはやめたいと思っていました。

ようやく解決の糸口が見つかったのかな、と感じています。


この方は、回避型で、結婚はしない、子どもをもたないと、小学生のころに決めていたことに気づかれました。

自分の幼児決断や人生のシナリオに気づかないままだと、「異性から好意を持たれそうだと察すると、わざと嫌われるような言動をしてしまい、そんな自分に自己嫌悪」というパターンをくり返してしまいます。

こうして、ご自身の決断を意識化することで、過去のそうしたパターンから、抜け出せるのですね。

さらに、「やっぱり結婚して、○○な生活をしよう」と、シナリオを変えることも、可能になります。

この章で、幼児決断や人生のシナリオについて説明してきたのは、このように、**自分で気づいて「意識化」することで、自分で決めた人生のシナリオを変えることができるからです。**

まずは、いまの自分の現状は、自分で決めた人生のシナリオの通りなのかもしれない、と考えてみてください。

アタマで考えていることと、ハラで決めていたこととにギャップがあると、現実が不本意に感じられ、それが悩みになります。

でもじつは、現実はハラで決めていた通りになっていて、アタマは「こんなのイヤ！」と文句を言っていますが、ハラのほうは満足しているのです。

ハラで決めていたことが、無意識のままだと、いつまでもアタマとハラのギャップに悩まされますが、「子どものとき、自分でそう決めていたんだ」と意識できると、それを変えることも、可能になるのですね。

■出会いによってシナリオも書き換わる■

次にご紹介する方は、自分は結婚しないし、子どももたないと、意識的に決めていらっしゃったのですが、いまの旦那様と出会ったことで、自然に結婚に踏み切ることができました。

何が起こったのかというと、いまの旦那様と出会ったときに、**「この人はわたしの仲間だ」**とピンときて、この人となら、「両親とはちがう、平和で穏やかな関係になれる。だから、この人となら結婚してもいい」と、ハラのシナリオが書き換わったのでしょう。

「結婚してはいけない」から「結婚しても大丈夫」に変わったのです。

ほかにも、必要に迫られ、せっぱつまってシナリオが変わる、ということもあります。

〝仲間〟と思える男性と出会った女性

幼少期より、母からの身体的・精神的虐待、ネグレクト（育児放棄）を受けて育ち、また両親の夫婦関係の悪さから、結婚には、夢も希望もありませんでした。

そのため、「私は絶対に結婚しない」「結婚しないのだから、彼氏をつくる必要性もまったくない」、また「私は絶対に母親にならない」と決めて育ちました。

「私は将来、母のような母親になるかもしれない。同じ血が流れているし〝普通の母親〟を知らないのだから、その可能性を否定できない。母のような人間になるくらいなら、死んだほうがましだ」

「親からも愛されないような私を、本気で好きになる人間はいない。老若男女問わず、信用できる人間はいない」

それが、当時の心境でした。

笑顔や表情を意識的につくって、表面上、仲良く、人当たりよくしておけば、トラブルを回避しやすいので、周りの空気と表情・感情をよく読んで、行動していました。

そのため、異性に好意をもたれることもありましたが、「恋愛なんて気持ち悪い。この男を好きな女から恨まれる。私をトラブルに巻き込むな、迷惑だ」と内心思いながら、人当たりよく、かわすようにしていました。

そのうちに、私にたいして絶対に恋愛感情をもたないであろう相手を「好き」だということにしつつ、早めに牽制をかけるようにして、やり過ごすようになりました。

就職先の内定も決まり、親から離れられる希望の光が見えてきたときに、いまの夫と出会いました。

いままで出会ったどんな人間ともちがう、少し浮いたような、自分と通ずるものをもった人で、なぜか「見つけた！」と思った覚えがあります。

出会って2週間でつき合い始め、社会人3年目で結婚しました。

「絶対に結婚しない」と決めていたし、恋愛も結婚にも、嫌悪感しかなかったのに、夫にはそう感じず、不思議に思いました。

結婚後わかったのは、夫も親に虐待されて育っており、夫はそれを自覚できないいま苦しんでいるタイプでした。

私と夫は、趣味趣向や価値観だけでなく、育ちまで似ていたんです。

人生がこんなにも平和で平穏で、幸せを感じられる生活は、生まれて初めてです。

結婚はしましたが、このまま夫婦ふたりで大好きな犬と暮らしながら生きるつもりです。

もし子どもを産むと、親に執着する材料を与える存在になってしまうので、私たちも子どもも幸せになれませんし、やはり親の血が受け継がれることへの嫌悪感は、いまだに大きいです。

仲間を見つけたから、結婚については克服に至った、という形です。

ただし、夫でなければ結婚していないし、そんな気持ちはみじんも起きないと、いまでも思います。

夫とは、夫婦でありながら、仲間であり、親友であり、戦友です。

だから、いまは苦しんでいる独身の方たちにも、そういった相手がどこかにいるのだと思います。


〜〜〜〜〜〜〜


さて、ここまで読んできて、「こんなに親の影響が及んでいたのか」と驚いた方もいるかもしれませんね。そして、「自分が苦労しているのは、ぜんぶ親のせいだったんだ！」と怒りが湧いてきたかもしれません。

それも、自然なことだと思います。

とくに、反抗期がろくになかった方は、親にたいして我慢してきた感情を、いちども発散せずに、これまでずっと、ためこんでいます。ですので、一度、思いのたけを親にぶつけて、「遅れてきた反抗期」をやってみるのもいいと思います。

なぜなら、**あらゆる問題の真の原因は、「抑え込んできた感情」にある**からです。

抑え込んだネガティブな感情のエネルギーが、トラウマとなって、人生の足をひっぱっているからです。

すべてが親のせいではない

ここで、つけ加えておきますが、どんな親でも、悪気があってそうしてきたわけではありません。かれらなりに、一生懸命、子育てをして、何とか生き抜いてきたのです。

ただ、感情のコントロールができずに、我が子にひどいことを言ってしまったり、ぶったり叩いたりしたかもしれません。あるいは、よかれと思って厳しく接したり、突き放したり、心配のあまり管理、干渉してきたかもしれません。

親がそうなってしまったのもまた、親の生い立ちの影響であり、戦後の子育てのはやりすたりのせいでした（戦後の子育てについては、「あとがき」で触れています）。

親を弁護するつもりはありませんが、親もまた、幼い頃、相当我慢してきたことは、まちがいありません。

感情の問題に取り組んでいくと、最終的には、**加害者も被害者もいないこと、**親はじつは関係なくて、「自分が抑圧してきた感情」の問題なのだとわかってきます。

言ってしまえば、自分のなかにためこんできたネガティブな感情がすべてなくなれば、**不本意な現実や悩みはすべて解消する、**ということです。

この「抑圧してきた感情」については、次章で具体的に説明します。

いよいよ第5章では、恋愛低体温症の人たちが、どうしたら、自分のなかの不安を乗り越えて、パートナーと安定したつき合いができるのか、さらには、安心して結婚できるのか、問題の克服に役立つご提案をお伝えしていきたいと思います。

第5章

幸せな恋愛を始めるために
知っておくべきこと

なぜ、今までの好みのタイプとちがう人と結婚するのか？

さて、この章では、恋愛低体温症の方たちが、安心して一緒にいられるパートナーを見つけて、安定した関係をつくるために、必要なことをお伝えしていきたいと思います。

でも、その前に、**恋愛と結婚はちがう**ということについて、書いておきますね。

いまは婚活が盛んなので、最初から結婚を意識して相手を探している人も多いですが、若い人だと、「恋愛のゴールが結婚」つまり、「恋愛の延長線上に結婚がある」と、なんとなく思っていることが多いと思います。

ですが、実際には、恋愛と結婚とは、まったく別物です。

初めて恋愛した相手と、そのまま結婚した場合はわかりにくいですが、たとえば、何人かと恋愛を経験したすえにゴールインというケースでは、それまでつき合ってきた男性と、タイプがまったく異なる人と結婚にいたった、ということが多いのです。

恋愛の相手として最適な人と、結婚相手として最適な人は、じつはまったく異なります。

だから、恋愛中はすごく充実していたのに、結婚したら、なぜかしっくりいかなくなった、逆に、恋愛中はイマイチだったけれど、思い切って結婚してみたら案外うまくいっている、なんていうことが、ふつうにあるわけです。

■恋愛のスリルが苦痛にならないために■

恋愛は、相手が自分をどう思っているかよくわからないなど、不確定要素が強く、不安とスリルと歓喜を味わえる、非日常の刺激的なイベントです。

だからこそ、不倫など、逆境にあったり、周囲に反対されたりするほど、いっそう刺激が強くなって、盛り上がるのですね。

いっぽう結婚は、確定要素が多く、**安心・安全を感じてほっとできる、平穏な日常生活**です。

刺激は少ないし、マンネリ化しやすいですが、安定しているからこそ、時間をかけて、夫婦の絆や愛情を育んだり、子どもを育てたりできるのです。

もちろん、現実には、平穏どころではない結婚生活もありますし、それを否定するわけではありません。ですが、基本的には、結婚とは落ち着くことであり、安定を志向するものだと思います。

恋愛低体温症の人たちは、もともと対人関係に不安が強いため、恋愛につきものの不安とスリルが、刺激を通りこして、苦痛になりがちです。

だから、つらすぎて、長続きしないことが多いのですが、**「恋愛がうまくいかないのだから、結婚なんてとても無理」と落ち込む必要はない**のですね。

不安の強い、回避型・不安型・混乱型の方は、最初から、不確定要素の少ない安定感のある人間関係のほうが、安心できて幸せになれます。

なので、恋愛を志向するより、結婚志向で、相手を探すほうがよいのです。

もともと不安と緊張が強いので、それ以上の刺激やストレスは、心身に負担になります。だから、あえてスリリングな恋愛は避けて、安心・安全を感じられる関係を求めることを、お勧めしたいのです。

とくに、「もうつらい思いをするのはこりごり、二度と恋愛なんてしたくない」という方は、ぜひ安心・安全な関係をつくることを目指してほしいのです。

■どうしてもときめく恋愛がしたい人へ■

とはいえ、まだ若くて、結婚は考えていないけれど、まずは人を好きになってみたい、スリリングな恋愛がしたい、という方もいらっしゃることでしょう。

そんな方に向けて、少しアドバイスしておきますね。

まず、「いまは恋愛低体温症だけど、人を好きになりたい」というのは、前章までに書いてきた通り、**アタマの思いとハラの本音にギャップがある状態**です。

アタマで、「人を好きになりたい」と思っているのは、人並みに恋愛してみたい、カップルになれば楽しそう、そうアタマで考えているのかもしれませんね。

でも、あなたのハラのなかには、「傷つくのが怖いから、私は人を好きにならない」と書いてあります。だから、その通りになっているのです。

現実を変えるには、このハラのなかを変える必要があります。

もし、本気で人を好きになりたいなら、「人を好きになって、とことんつらい経験をしてみよう」とハラで決める覚悟が必要です。

なぜなら、**人を好きになるというのは、じつは、つらいこと**だからです。

どんなに好きな相手でも、それぞれ別の人格ですから、相手の思いがどうなのかは、永遠にわかりません。たとえ両想いであっても、かならず温度差はありますし、将来についての思いもちがっています。ひとつになりたいと願っても、そうはいかないのです。

ひとつになりたいのになれない、その切なさこそが、本気で人を好きになるということだと思うのです。

もちろん、気持ちが通じ合って、喜びで高揚する瞬間もあるでしょう。でも、ケンカをしたり、やきもきしたりすることも、かならずあります。そのアップダウンがスリリングなのであり、恋愛の魅力なのです。

■自分らしいつき合い方を選んでいい■

ヨーロッパの貴族や、日本でもかつての武家など、15歳くらいで、家どうしで結婚相手が定められていた社会では、**恋愛というのは、結婚後にするものでした。**

恋愛をしてもしなくても、それは個人の自由だと思います。そういう経験をしようと決める人もいれば、しない選択をする人もいる、というだけのことです。すべて、自分の選択なのです。

というわけで、思い切って、つらい経験に飛び込んでみよう、とハラから思えるなら、ぜひやってみてください。

「たとえつらい思いをしようと、私は人を好きになる」と決めれば、いずれそれが実現します。そして、結果がどうであろうと、その体験そのものが、貴重な人生の学びになるでしょう。

ただし、ムリをする必要もありません。つらいのはイヤだから、安全志向でパートナーを探そう、ということでもいいと思います。人には向き不向きがあるのです。

ただ、人は1人で生きるようにはできていませんので、心を許せる、安心できる相手を見つけることは、生きるうえで大きな助けになります。

それは、かならずしも恋愛対象でなくてもかまわないのですが、安心できる異性のパートナーとつき合っていれば、たとえスリリングではなくても、ハタからは、恋愛しているように見えますし、実際、相手が好きなら、それも恋愛です。

安全志向のパートナー探しは、**穏やかな恋愛のススメ**、ということですね。

"安全基地"になる人を見つければ本当の幸せが手に入る

ここでは、安心・安全を感じられる人間関係のことを「**安全基地**」と呼びます。

恋愛低体温症の方は、いきなり恋愛高体温体質をめざすよりも、安全基地づくりを、ぜひ心がけてほしいのです。

なぜなら、安全基地で過ごすことで、低体温が平熱に戻り、不安が減って、落ち着けるようになるからです。

回避型、不安型だった方が、しだいに落ち着いて結婚し、うまくいっている例をご紹介します。

第4章の最後にご紹介した回避型の方は、いまの旦那様と出会ったことで人生が変わったという例でした。

次の方は、第1章の最後にご紹介した、混乱型の方の「その後」です。

結婚して自己肯定できるようになった女性

いまは、ありのままの私の存在を肯定してくれる夫に会い、自分自身を肯定できるようになってきました。

夫の発した言葉の受け取り方も変わってきました。それまでは、卑屈な受け取り方しかできなかったのですが、少しずつ、「愛されてるなあ」と感じられるようになりました。

すばらしいですね！　この方も、安心できる相手とめぐりあったことで、徐々に自分が変わってきて、それまでとはちがう人間関係を築くことができたのです。

幼児期の親の影響で刷り込まれた「人に近づくのは危険だ」という警戒心がゆるんできて、人の近くにいても安心していられるようになったのです。

私のお客様にも、「夫の存在に救われているなあ」としみじみ感じる方が、少なくありません。

安心できる相手、自分を理解してくれる相手との出会いは、本当に、ありがたく、貴重ですね。

次の方は、不安型だった方です。

理解してくれる男性と出会って落ち着いた女性

昨年、母から離れて生活を始めたところ、素敵な方と出会い、おつき合いを始めることになりました。でも、やはり最初のころは、すぐ不安になり、不安からヒステリックに感情を彼にぶつけることもありました。

それがしだいに、落ち着いてきたのです。

私が感情的になるたびに、彼が落ち着いて話を聞いてくれて、「それは考えすぎだよ」と言ってくれるのです。

そんなことをくり返していくうちに、自分で「ん？　考えすぎ？」と気づけるようになり、感情的になることがなくなりました。

彼でないと、このように落ち着いた関係は築けなかっただろうと思います。

また、彼を紹介してくださった方、彼のご家族との親密なおつき合いがあったからこそ、落ち着くことができたと思っています。

何が私を変えた決定打だったのか、本当にわかりません。

でもいまは、とても恵まれていると思います。ちょっと怖いくらいです。


「怖いくらい、恵まれている」と思えるなんて、うらやましいですね！

この方の場合は、相手の方が、じっくりと話を聞いてくれて、「それは考えすぎだよ」と言ってくれた、それを何度もくり返すうちに、ご本人も「自分が考えすぎだったんだ」と腑に落ちてきたのですね。

不安にかられて一人ずもうをとっていることに、気づけたのです。

■人といて安心を感じるヒント■

いずれのケースも、「自分を受け入れてくれている」と感じられる相手とつき合ううちに、安心できるようになり、落ち着くことができました。

この「ありのままの自分を受け入れてくれる」という感覚が、どんな感じかわかるでしょうか？

たとえば、犬や猫を飼っている方なら、愛犬・愛猫を抱っこしてなでているとき、愛しさを感じながら、たがいにありのままで、ゆったりとした気持ちでいられると思います。

「こんなで方では、ダメかも？」「この子はいま、何が不安なのかな？」などと、あれこれ気にしたりしないと思うのですね（なかには気にする人もいるかもしれませんが）。

そのように、一緒にいて、ただ、ぼーっとできる感覚、あれこれ気をつかったり、詮索（せんさく）したり、心配したりせずに、**「あ〜、ラクチンだなあ」**と、心地よさや温かさを感じている状態、心身がリラックスしていて、自然体でいられる状態、それが、**受け入れてもらって、安心している状態**ではないかと思うのです。

この、ありのままを受け入れてくれて、一緒にいてラクチンで、安心感があるような相手との関係こそが、恋愛低体温症の人たちに必要な「安全基地」です。

安全基地たりうる男性とは、どんな人なのかについては、第6章でお伝えしますが、この章では、あなたの安全基地が見つかるまでに、ご自身でできる工夫や努力をご紹介しておきます。

自分のなかにある「無意識の思い込み」に気づこう

これまでお伝えしてきたように、私たちはみな、無数の「無意識の思い込み」に囚われて、生きています。

恋愛低体温症の方は、無意識に、

・だれも信じられない
・だれもわかってくれない
・だれも助けてくれない
・私の期待は裏切られる

- **私は嫌われる**
- **私は大切にされない**

といった思い込みをもっています。

このようなネガティブな「思い込み」は、母親の不適切な対応により刷り込まれたものですが、けっして、**真実ではありません。**

ただ、幼いときに、「そう思い込んでしまった」というだけのことなのです。

こういった「刷り込み」は、卵からかえったヒナドリが、最初に見たものを親だと思って、どこまでも後をついていくように、動物がもつ、生きるための本能なのです。

本来、人の子どもは、実の親だけに育てられるのではなく、地縁血縁のコミュニティの大人たちのなかで育つものでした。幼いときに、かかわってくれる大人が何人もいたことで、「刷り込み」もバランスがとれたのです。

それが核家族になって、実の親の影響がきわめて大きくなりました。

親が、さまざまな事情で、子どもに余裕をもって関われなかったり、人格的に偏っていたりすると、「刷り込み」も偏ったものになってしまいます。

■思考のクセに気づこう■

さらに、現代人は思考偏重・脳偏重で、**アタマで考えることは正しいはず、妥当なはずだと思い込んでいます。**

ですが、実際には思考というのは、じつにいいかげんなもので、自分に都合よく「つくる」ことが、いくらでもできます。

「私は嫌われる」とか「私は大切にされない」という思考が、自分に都合がいいとは、とても思えないかもしれません。

ですが、私たち現代人には、怖い、悲しいなど、本当の感情を感じないように、「思考に逃げる」習性があります。「私がダメなせいだ」などと、**思考で結論をだして、納得しようとする**のです。

相手に去られるのが本当は怖いのに、それを感じたくなくて、「あの人が去ってしまうのは、私が人に嫌われるような人間だからだ」などと、理屈をつけて、アタマで納得したいのです。

本当は、「私は嫌われる」という思い込みに意味などないのですが、思考がその思い込みを利用して、つらい現実と折り合いをつけようとするわけです。

ですので、ものごとがうまくいかなくてつらいとき、自分がいつもどう考えているか、**思考のクセをリストアップしてみましょう。**

それらはみな真実でも事実でもない、ただの「思い込み」だと気づきましょう。

そして、一つひとつの思い込みについて、なぜそんなことを思い込んだのか、幼いころを振り返って、**「刷り込み場面」**を探してみてください。

■あなたの「思い込み」は何？■

「私はどうせ嫌われる」と思って、いじけて妙な行動をとるクセがあるなら、「なぜ、そんなふうに思うのだろう？」と内省してみましょう。

幼いころ、支配的な親に「言う通りにしない子なんて、お母さん、大嫌い！」と言われていたのかもしれません。親は軽い脅しのつもりで言っただけでも、幼い子は、真に受けてしまいます。

「だれも信じられない」と絶望するクセがあるなら、なぜそう思うのか、よく考えてみましょう。

幼いころ、親が約束を破って、がっかりしたことが何度もあるのかもしれません。あるいは「他人は信用できない」と親がしょっちゅう言っていたのかもしれません。

「私の願いはかなわない」と悲観するクセがあるなら、なぜそう思うのか、原因をつきとめましょう。

お母さんと遊んでほしいのに、「これが終わったらね」「あれをやったらね」などと待たされて、結局、いつも遊んでくれなかったのかもしれません。

自分が「こうしたい」と言うたびに、心配性のお母さんに否定されて、悲しい思いをしたのかもしれません。

「私が悪いんだ」であれば、幼いころ、怒ったお母さんに「悪い子」と決めつけられ、ショックと恐怖でおののいたのかもしれません。

幼い子は、いちばん頼りたい存在である親が、気持ちをわかってくれなかったり、自分を大切に扱ってくれなければ、「私はだれにもわかってもらえない」「だれにも大切にしてもらえない」と、短絡的に一般化して、そう思い込んでしまいます。

このように、たどっていくと、どんな思い込みにも、かならず元の刷り込み場面が出てきます。具体的なエピソードを思い出せないこともありますが、かならず原因はあるのです。

■自分の謎解きを始めよう■

私はこの「原因探し」を、**「謎解き」**と呼んでいます。

これまでのカウンセリング経験では、この謎解きができなかったことがありません。

パニック発作や、火の元確認を何度もしてしまうなどの強迫的な行動も、元の原因がかならずあって、謎解きできることがほとんどです。

たいていは、幼いころに強い恐怖を感じて、それを1人で我慢して封じ込めた、そのトラウマ体験が、元の原因であり、刷り込み場面です。

刷り込み場面を、本人がすっかり忘れていることも、少なくありません。

私たちは生きるために、つらい体験ほど意識せずにすむよう、記憶を抑圧し、すっかり忘れてしまうからです。

ただ、意識のうえでは忘れていても、潜在意識には、すべての経験が記録されています。

ご一緒に謎解きをするうちに、ずっと忘れていたできごとの記憶が、ふっと浮上して、ありありと思い出されることも、よくあります。

これまで異性とのつき合いがうまくいかなかったのは、幼いころの「思い込み」のせいで不安に陥り、疑心暗鬼にかられておかしな行動をとり、自分から関係を壊してきたせいなんだ、すべては一人ずもうだったんだ、とよくよく頭に叩き込んでください。

そして、こんどまた、「どうせ私は嫌われる」などの思い込みが浮上してきたら、**「あ、またいつものクセが出ている」**と気づいてください。

そして、これはただの「思い込み」にすぎない、「本当は、ちがうのかもしれない」と疑ってください。じつは「嫌われるとはかぎらない」し、「好かれることだってあるかもしれない」と。

ちょっとしたことが気になる状態から抜け出すには？

過去に刷り込まれた「思い込み」に気づいて、「本当は、そうではないのかもしれない」と考え直すためには、まず心身の緊張をゆるめる必要があります。

恋愛低体温症の人は、人と親しくなってくると無意識に「また傷つけられるかもしれない」という不安が浮上し、心身が緊張してサバイバル・モードになります。

そのままだと、**不安のほうが勝ってしまい、思い込みを疑いにくい**のです。

「戦うか、逃げるか」という臨戦態勢では、実際に戦ったり逃げたりできるよう、筋肉に血流が集中します。そのため、脳、とくに前頭前野に血流がいかなくなり、他者に共感したり、適切かどうかを冷静に判断する、ということができなくなります。理性がはたらかなくなっているからこそ、自分でもワケのわからない、おかしな行動に走ってしまうのですね。

不安にかられたり、相手を責めたくなったり、逃げ出したくなったときは、まず**「サバイバル・モードから抜けなければ！」**と思ってください。

■緊張をゆるめるレッスン■

サバイバル・モードから抜けるには、自律神経、つまり身体にはたらきかけるしかありません。いくら頭で考えても、思考回路もサバイバル・モードになっているので、意味がないからです。

心身が緊張で張りつめた状態になっていますので、「いまは安全なんだよ、戦ったり逃げたりしなくても、大丈夫なんだよ」と、身体に伝える必要があります。

身体から変えていくわけですから、これは一種の**体質改善**になります。ダイエットとか、リハビリみたいなものです。だから、意志の力と、根気が必要です。

それでは、自律神経にはたらきかけて、サバイバル・モードから抜けるのに役立つ工夫を、これからいくつかお伝えします。

いずれも、ちょっとした、簡単なことばかりです。やりやすいものから実践していただき、習慣にしていただければと思います。

習慣にして、数か月続けていれば、かならず効果が出てきます。

1 意識的に深い呼吸をする

ゆっくりと、ふだんの4倍くらい空気を吸い込んで、肺いっぱいに空気を満たし、それから長く息を吐きましょう。

ゆっくり深く息を吸うことで、横隔膜（おうかくまく）が下がり、肺がいっぱいに広がります。すると内臓が押されて、お腹が前に出ます。

このように胸が広がりお腹が出るのが、哺乳類の本来の呼吸なのです。

深い呼吸をするだけで「いま、安全なんだ」と身体にメッセージが伝わり、自律神経が鎮まります。

さらに、呼吸の音に意識を集中することで、「いま・ここ」に戻り、我に返って落ち着くことができます。

身体の末端まで酸素がゆきわたりますし、身体に意識を向けることで、身体の感覚（感情）にも気づきやすくなります。意識して深い呼吸をするのは、一石何鳥にもなりますので、ぜひ習慣にしてください。

2 五感に意識を向けて「いま・ここ」に戻る

いま、目をつぶって、耳に意識を向けて、いま聞こえている音だけに集中してください。10秒くらい、じっと耳をすませていてください。

どうでしょうか？　耳に入る音だけをじっと聞いているあいだは、何も悩んでいなかったのではないでしょうか。

こんなふうに、聴覚、視覚、触覚、味覚、嗅覚のいずれかに意識を集中することで、

「いま・ここ」に戻ることができます。

私たちはたいてい、過去のことでくよくよしているか、将来を不安がっていて、「いま・ここ」にいません。

「いま・ここ」にいると、「いま」は安心・安全で、何も問題がないことに気づけます。そして、心身が少し落ち着きます。

意識というのは、自分の外側に向くか、内側に向くか、どちらかしかできません。五感を通じて外側に意識を向けているときは、くよくよ悩めないのです。

3 ゆっくり首を回して、周りを見回す

首をゆっくり回しながら、周囲をただ、よく見ていきます。ゆっくりぐるっと見回すだけで、神経系に「いま、敵はいない、安全だ」というメッセージが伝わります。

それで、ちょっと落ち着くことができます。

同じように、ちょっとしたしぐさに、両手を広げたり閉じたりして、ゆっくりグー

パーをする。また、鏡を見て、意識的に表情をつくったり、ヘン顔エクササイズをしたりする、といったことも、副交感神経を優位にして、緊張をゆるめる効果があります。

4 腎臓に手をあてる

腎臓（じんぞう）には、恐怖がたまると言われています。この腎臓に手をあてることで、不安を鎮めることができます。

腰に手をあてて立ったとき、背中側の親指があたるところに腎臓があります（腕を下ろして立ったとき、肘のあたりの高さの背中側に、左右一対の腎臓があります）。そこに手のひらをあてて、じんわりと温めてください。心身が落ち着いてきます。

5 おでこに手をあてる

おでこに手をあてることで、脳の前頭眼窩野（ぜんとうがんかや）に血流を集めて活性化させることができます。おでこのあたりの前頭眼窩野が血流不足になると、相手の気持ちを思いやったり、適切な配慮をしたり、共感することができず、衝動的な怒りや攻撃的な行動が抑えられなくなると言われています。

おでこに手をあてることで、不安にかられて衝動的な言動に出るのを防ぎ、落ち着いて、適切な態度をとることができるようになります。

6 歌う、笑う、おしゃべりする

歌を歌うと、人にたいする愛着が生まれます。歌うのが好きな人はどんどん歌ってください。苦手な人も、機会をつくって歌ってください。

笑ったり、おしゃべりしたりすることも、リラックスして、心身を穏やかにする効果があります。

ほかに、マッサージを受ける、うがいをする、冷たい水を顔や身体にかける、といったことも効果がありますし、タンパク質をしっかりとる、ヨガやダンスなど、身体を動かすこともお勧めです。自律神経を整え、緊張をゆるめるのに役立つことは、インターネットで調べれば、いろいろ出てくると思います。

これらのことを、毎日、やりやすいことからやってください。

そして、彼と会うときには、かならず直前にどれかをやる、一緒にいるときでも、不安が出てきて「あ、ヤバイ！」と感じたときはどれかをやる、というふうに、ぜひ、生活のなかに取り入れて習慣にしてください。

■「安心」を身体で感じていくことが大切■

サバイバル・モードから抜けてきたかどうかを判断する目安としては、「焦燥感なしに動けているなあ」と感じられるかどうか。

「以前だったら、こういうとき、理性を失っておかしな言動に出ていたけれど、いまは落ち着いていられるようになったなあ」と、しみじみ実感できるようになるまで、ぜひくり返し、やってみてください。

不安や焦りにかられることなく、落ち着いた状態で、ものごとに対処できているかどうかを、ときどきチェックしましょう。そして、

・回避型の人は、他者がいることで安心し、落ち着くことができるという経験を積んでいく

・不安型の人は、１人でいても安心し、落ち着くことができるという経験を積んでいく

ということを、心がけてください。

具体的には、回避型の人は、人といるときに、自分の身体の状態を意識して、不安で緊張があると気づいたら、サバイバル・モードから抜けるために、できることをやってください。そして、少しずつでも神経を鎮めて、自分を落ち着かせましょう。

「この人といても、大丈夫だよ、安全だよ」と身体に言い聞かせてみてもいいかもしれません。人と一緒にいて、安心を身体で感じられるようになるまで、根気よく、続けてください。

コツは、あれこれ思考で考えずに、**つねに身体の感覚に意識を向けるようにすること**です。自分の身体がいまどんな状態かを、こまめにチェックしてください。

不安型の人は、同じことを、1人でいるときにやります。

不安になり、ネガティブな思いが湧きあがってくるたびに、深い呼吸をして「いま・ここ」に戻り、神経をゆるめ、サバイバル・モードから抜ける練習をしましょう。

どちらのタイプも、毎日やると決めて、習慣にしてしまえば、より効果が出やすくなります。

あなたのなかに傷つくのを怖がる〝幼いころのあなた〟がいる

私たちはみな、過去の体験をパターン化して現実にあてはめ、先を予測しながら生きています。そして、過去に怖い思いをしたことは、二度とくり返さないように、無意識に避けています。

無意識のままだと、いろいろやらかしてしまい、後になってから「なぜあのとき、あんなことをしてしまったのだろう」とひどく後悔することになりますが、自分のパターンに気づき、それを意識化することで、行動を変えることができます。

その際、手がかりになるのが、**「体感」**です。

たとえば、親しくなってくると、その人を遠ざけてしまうというパターンをもっている場合、だんだん親しくなってきて、安心して、頼ったり甘えたりしたいな、とどこかで感じ始め、相手もそれを受け入れてくれそう……、そんな、愛着心がわきかけたとき、つまり、「もっと近づきたい」とうっすら感じたとたんに、

「これ以上、近づいたら、突き放されて、傷つくよ！」

そんな、警戒警報が鳴りだします。

そして、無意識のうちに、ひどいことを言ったり、わざと嫌われるようなことをして、相手を遠ざけて、自分を守ろうとするのですね。

この「突き放されて、傷つくよ！」と怯えて叫んでいるのが、あなたの**チャイルド**。

チャイルドというのは、何十年も前、幼かったときに、親に突き放されたりして傷ついた**「小さいあなた」**です。このチャイルドに、

「あの人は親じゃないから、大丈夫。あなたを突き放したり、傷つけたりしないよ」

そう伝えてみてください。

チャイルドが安心して、納得してくれたら、これまでのパターンを変えることができます。

■過去の自分を受け止めてあげよう■

ですが、チャイルドがなかなか納得してくれないことも、よくあります。怯えたチャイルドは、とても用心深くて頑固ですから、「大丈夫だよ」と言われたくらいでは、なかなか警戒をゆるめないからです。

その場合は、チャイルドが警戒警報を出し始めたときの「体感」を、キャッチしてください。

相手を遠ざけるようなことを言いたくなったとき、自分でそれに気づいてください。そして「ちょっと待った！」と自分を止めて、そのとき身体のどこがどんなふうに反応しているか、探ってください。

胸がざわざわしているとか、喉元がカタくなっている、背中が硬直した感じになっている、みぞおちあたりがずんと重い、などなど、いろいろな反応があります。

反応している身体のその部位に、チャイルドがいる、と思ってください。

言い換えると、幼いときに傷つけられたときのトラウマが、そこにあるのです。

それに気づいて、そこにいるチャイルドを意識しましょう。

その子はいくつくらいでしょうか？

求めたのに、無視されたり突き放されたりしたとき、どんな気持ちだったのでしょう？

体感に意識を向けて、チャイルドの気持ちを想像して、一緒にその感情を感じてみましょう。**過去の小さいあなたが、1人で我慢した感情です。**

「私は、こんなに悲しかったんだ」「ものすごく、怖かったのだろうな」などと、チャイルドの気持ちを想像し、一緒に感じることができると、過去の自分がいとおしくなって、チャイルドを抱きしめたくなるでしょう。

そうやって、心から共感できると、チャイルドも、「やっとわかってもらえた」と安心します。

これまで**ずっと放置されて、ひとりぼっちだったチャイルドが、大人のあなたに存在を気づいてもらって、わかってもらったことで、ケアされて癒されたの**です。

そんなふうにして、もともとの感情を感じることができると、そのトラウマのエネルギーは、少しずつ解放されて、減っていきます。

チャイルドが癒され、トラウマが小さくなっていけば、もう、相手を遠ざけなくても大丈夫になります。

「この人は、お母さんとはちがうし、近づいても私を傷つけたりしない、安心していいんだ」

と心から思えるようになります。

そして実際に、相手の人も、あなたを大事にしてくれます。

チャイルドに気づき、癒したことで、ネガティブな思い込みが減って、あなたの人生のシナリオが、書き換えられたからです。

■チャイルドになかなか共感できない場合■

感情を感じないようにする「感情マヒ」が強くて、フタががっちりしまっていると、チャイルドに共感することが、とてもむずかしいかもしれません。「感情マヒ」を解いていくには、先ほどご紹介した「緊張をゆるめるレッスン」が役に立ちます。

感情が感じられないのは、心身が非常警戒態勢で、緊張しているせいなので、まず、緊張をゆるめる必要があるからです。

私たちはみな、感情を感じているとき、かならず身体のどこかが反応しています。その体感に、気づいてください。体感を感じる練習をすることで、自分の感情に気づけるようになります。**感情とは、身体の感覚のことだからです。**

ただし、注意しなければならないことがあります。

ふつうは、チャイルドの恐怖が強いほど、緊張が強まり、感情マヒも強くなります。それほど強いトラウマの恐怖が、フタがはずれて突然浮上すると、パニック発作のようになる危険があります。

また、長年抑え込んできた感情を感じるようになると、それに圧倒されてしまい、心身が不安定になるリスクもあります。

ですので、チャイルドと向き合って感情を解放していく際には、ぜひ専門家にサポートしてもらってください。

私たちは、感情についてだれにも教わってきませんでしたし、感情の扱いにも慣れていません。だから、くれぐれも慎重に取り組んでいただければと思います。


ところで、すでにできあがっている人生のシナリオを変えていくのは、そうたやすいことではありません。いま、あなたが生きているということは、このシナリオが有効だった、ということでもあるからです。

身体は「このままでいい」と思っていて、変化に抵抗しようとします。ダイエットをしても、リバウンドするのに似ています。

ですので、シナリオを変えるには、「変える」と決める意志、そして本当の感情と向き合う勇気と、体質を変えていくための根気がいると感じています。

なかなか大変なプロセスですが、「自分を変える」と本気で決めさえすれば、かならず変わってきます。なによりも、人の意志の力がもっとも強いからです。

ふつうは一気にガラッと変わることはなく、ジワジワと少しずつ変わります。

専門家の助けもかりながら、あせらずに根気よく、取り組んでください。

親の呪縛から自由になろう

さて、「私を好きになる人なんていない」「私みたいな人間は、一生、1人でいるしかない」「男なんてアテにならない」「だれも信用できない」などなど、人生の足をひっぱるネガティブな自己イメージや思い込みは、ほとんどが、**子どものころ、親にかけられた呪いであり、足かせです。**

そんなネガティブな思い込みがあなたにもあるなら、思いつくすべてを、紙に書き出してみてください。

それらはみな、真実でも事実でもありません。

たまたま、そう思い込まされてしまっただけの、何の意味もない、不要なものなの

です。だから、

・世の中には、私を好きになる人だっているだろう
・私のような人間でも、その気になれば結婚できる
・なかには、アテにしていい男もいる
・信用できる人はいる

などと、一つひとつ、書き換えてください。

たんなる思い込みにすぎず、意味なんてなかったんだと気づくだけで、書き換えられるものもあるでしょう。

書き換えたフレーズを、口に出して言ってみて、「うん、そうだ！」とハラから納得でき、力強く言えるようなら、もう大丈夫です。

でも、強いトラウマ感情とセットになっている場合は、書き換えたフレーズを口に出して言ってみると、どうもウソっぽく感じるかもしれません。

その場合は、その思い込みが刷り込まれた、元の場面やエピソードを突き止めて、そのとき、自分がどんな思いだったのか、探ってみてください。

そのときのショックで成長が止まってしまったチャイルドが、あなたのなかにいるのです。そのチャイルドを、かわいい姪っ子だと思って、隣に座って慰めてあげましょう。

「お母さん、ひどいねえ。あんなふうに言われたら、悲しいよね。あなたは1人じゃないよ。本当はみんなに大事に思われているんだよ。だから大丈夫。安心していいよ」と。

その子の気持ちに共感して、ともにその感情を感じきることができると、チャイルドが癒されて、成長を再開し、そのとき刷り込まれた「思い込み」も、手放すことができます。

そのプロセスで、親への激しい怒りが浮上することもあるでしょう。強い怒りを感じ続けるのは、だれにとっても、しんどいものです。

そんなときも、1人でやるのではなく、思いきって、専門家のサポートを受けてください。わかってくれる第三者の存在が、「1人じゃないんだ」という安心感につながり、不要な思い込みの書き換えにも役立ちます。

相手のステータスを気にしておつき合いに進めないあなたへ

ここで「どんな人を連れていっても、どうせ母親に反対される」とお困りの方に、少しだけアドバイスしておきます。

すでに述べた通り、心配性で過干渉の親というのは、娘の結婚相手には、「一生、食いっぱぐれない職についていて、自分の目の届くところに住んでくれる」ことを望んでいます。

心配性な親というのは、衣食住の確保がとにかく最優先ですから、不安な要素がちょっとでもあると、ダメ出しをせずにいられないのです。

それとよくセットになっているのが、学歴信仰です。現実には一流の大学を出ても就職できない人だっていますが、多くの親が「昭和の価値観」で生きていますので、とにかく一流大学卒でないとダメ、と思い込んでいたりします。

その親の思い込みが自分にも刷り込まれていて、相手の学歴や職業のステータスにこだわってしまって、なかなかうまくいかないという方もいるかもしれません。

私の立場から見ると、一流大学に入った人、ステータスの高い職業についている人のほとんどが、そもそも親の刷り込みによって、強迫観念にかられて頑張ってきた人たちで、不安や焦燥感が強く、生きづらさを抱えています。

つまり、ハタから見れば「勝ち組」でも、じつはぜんぜん幸せじゃないんですね。「昭和の価値観」で言えば、一流大学の医学部を出て医者になることがステータスの頂上になりますが、私のお客様には、医師も何人もいます。本当は、ちがうことがしたかったのに、親の期待に応えて医者になり、毎日苦しくてたまらない、ということだってあるのです。

くり返しますが、親の学歴信仰は、昭和の強迫観念のなごりであり、衣食住が余っているいま、かなり時代錯誤なものです。

■これからはワクワクを大切にして生きる時代■

高いステータスと豊かな生活が手に入れば物質的には満たされますが、それだけでは人は幸せになれないことが、すでに証明されています。

私のカウンセリング経験でも、**強迫観念にかられて頑張っているあいだは、人は真の幸せを感じられません。**なぜなら、頑張っている動機が、「恐怖」と「不安」だからです。

本当にやりたいことをして、ワクワクしながら生きることこそが、人を幸せにします。動機が**「喜び」**だからです。

これからはますます、自分が本当にやりたいことをやって生きる、ということに価値が置かれるようになるでしょう。

昭和の価値観からすれば、「何をぜいたく言ってるんだ！」となりますが、すでに時代は大きく変わっているのです。

というわけで、自分はどう生きたいのか、いざとなったらどんな選択をするのか、自分自身が意志をもって決断する必要があります。

子どものときからの刷り込みで、母親の顔色をうかがって、すべてを決める習性が身についていると、「母親が気に入る人でないと結婚できない」と、あきらめてしまっています。

本当は、そんなことはありません。もちろん、両親も気に入って賛成してくれればいちばん幸せですが、当初は反対されていたけれど、いまは親ともうまくいっている、ということもよくあるのです。

■本当は自立するのが怖いだけの場合も■

ご相談者で既婚の方のなかには、結婚を決めたとき、親は大反対したけれど、「そこだけは、押し切りました」とおっしゃる方も、少なくありません。

それが、親の支配から抜けるきっかけになることもあります。

恋愛や結婚という、家族以外の人間と親密な関係をもつ経験は、親の呪縛から抜け出して、真の自立へと踏み出し、自分の人生を歩み始めるよい契機となります。

ですので、個人的には、ぜひ、自分の意志を貫いてほしいと思っています（もっとも、娘が自分の意にそわないことをしようとすると、従うまで、どこまでも攻撃してくる親御さんもいます。その場合は、どのように対処するか、慎重に戦略をねる必要があります）。

どうしても、親に逆らうことができない、という場合は、これも本当は「怖い」からです。幼いころ、親の言う通りにしないと捨てられてしまう、と震えあがったときの恐怖が、トラウマになっているためです。

でも、幼いころにそう思い込んでしまっただけで、もう怖がる必要はありません。

たとえ親に嫌われても、親がいなくても、私は生きていける、そう考えて、本当はどうしたいのか、しっかり自分と向き合って、選択・決断してくださいね。

父親に大切にされたかった過去の自分を思い出そう

さて、子どものころに父親にたいして我慢してきたことを、無意識につき合う相手にも感じていて、それでうまくいかなくなることがあると、すでにご説明しました。

逆に言うと、あなたの父親が真にあなたを尊重し、大切に扱い、愛情深く接して育ててくれたなら、あなたが出会う男性はすべて、あなたを尊重し、大切に扱い、愛情深く接してくれるのです。

もし、つき合う男性のせいで自分が苦労するパターンをくり返している、という方は、ぜひ一度、自分の父親について、よく振り返ってみてください。

母親と一体化して、何もかも父親が悪いんだ、と思い込んでいませんでしたか？

母親が、姑や舅に苦労しているのに、父親が知らん顔をしていて、母親がかわいそうだと思っていませんでしたか？

そんな場合、つき合う男性に父親を投影して、ちょっとしたことで過剰反応をして、「ひどい、私のことなんて考えてないのね！」と、憎々しく感じて、彼を敵扱いしてしまいます。

あるいは、幼いころ、怒ってばかりで暴言を吐いてくる母親から守ってほしかったのに、父親が見て見ぬふりをして、助けてくれなかった、それで心底がっかりした、そんな経験はなかったでしょうか？

その場合、つき合う相手は、一見やさしいけれど、何事も人任せで、主体的でない、自分の意志が感じられない、責任感がない、というふうに感じるでしょう。

多くの方が、似たような相手とつき合って、似たような経験をくり返す、ということをやっています。

それは、相手のせいではなく、自分のなかに、「男ってこういうもの」という刷り込みがあるからなのです。

試しに、いままでつき合った人に感じていたこと、我慢してきたことを、リストアップしてください。そして、それらを「男は◯◯」というふうに、主語を「男は」に置き換えてみてください。

それらすべてを「無意識の思い込み」として、自分自身がもっていたのです。

これまでのパターンから脱したい方はぜひ、自分のなかの思い込みのほうに意識を向けてください。

それを書き換えるには、先ほどお伝えしたように、そう思い込んでしまったときの過去の自分の本当の感情に気づいて、いまの自分が過去の自分に心から共感することで、チャイルドを癒していく必要があります。

じつは、父親にたいして片思いだった、自分をいちばん大切にしてくれなくて悲しかった、そんな、幼いときの切ない思いに気づいて、わかってあげてください。

そうすると、チャイルドは「やっとわかってもらえた」と安心して、成長を再開します。そして、「男は◯◯」という思い込みもゆるんで、修正しやすくなります。

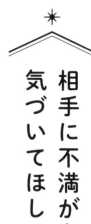

相手に不満があるときに気づいてほしいこと

私はよくご相談者に、「相手は関係ないのですよ。あなたのなかに、そういう思い込みがあると気づくことが、肝心なんですよ」とお伝えしています。

つき合う男性に冷たくされるのも、ひどい仕打ちを受けたりするのも、じつは相手のせいではなく、自分の潜在意識のなかに、そういうシナリオがあるから。

そのシナリオは、おもに、幼いころからの親子関係をもとに、いつのまにか自分で書いて、完成させたものです。

もしいま、そのシナリオに不服があるなら、あなたが書いたのですから、自分で変えればいいのです。

人間関係がうまくいかない原因を、「相手のせいだ」とか「私が悪いんだ」などと、**被害者思考や加害者思考で、ぐるぐる悩んでいるあいだは、何も変わりません。**

「ぜんぶ、自分でつくっていたんだ！」ということが、受け入れられて、腑に落ちてくると、現実が変わり始めます。

シナリオの書き換え方は、「無意識の思い込み」の変え方と同じです。

気づくだけで、簡単に変わる部分もあれば、チャイルドがすごく頑固で、なかなか変えられない部分もあります。

でも、「変える！」と決めていれば、いつかかならず変わります。

この本でご紹介しているのは、ひとつのやり方にすぎません。方法は、いろいろありますし、人によって、向き不向きもあります。いまはインターネットで簡単に情報が入手できますので、ご自身に合いそうなやり方を見つけてください。

そしてぜひ、根気よく、取り組んでいただければと思います。

第6章

長く一緒にいられる
運命のパートナーを
見つけるコツ

自分を変えるには意志の力が必要

第1章、第2章で見てきたように、恋愛低体温症の人たちは、異性との親密な関係にたいして、面倒くさいと腰が引けていたり、逆にぐいぐい押しすぎたりして、なかなかうまくいかないのですが、その原因をここであらためて整理してみると、次のようになります。

- つねに不安が強く、親密な関係になると居心地が悪くなる
- 異性（とのつき合い）にたいするネガティブな刷り込みや、ネガティブな自己イメージなど、偏った「無意識の思い込み」がある

・「私は結婚しない」など、幼児のときの選択・決断による人生のシナリオがある

・男性（女性）に無意識に父親（母親）を投影して、同じような経験をくり返している

・親のダメ出しや干渉を受けている

これらのうち「親のダメ出し」以外は、いずれも無意識下のものであり、幼いころの親子関係、何十年も前の過去に、元の原因があります。

相手のせいでもなく、自分のせいでもなく、自分では意識しにくい「無意識下にある思い込みや刷り込み、人生のシナリオ」が、真の原因なんだということを、ぜひ頭に叩き込んでください。

この章では、本当の原因を知ったうえで、あなたがこれからどう生きていくか、ものごとを選択、決断し、行動していくさいの指針について、お伝えしていきます。

まず、お断りしておきますが、自分を変えるための努力を何もしなければ、この先も、これまでと同じでしょう。ただ、本書を読むだけではなく、第5章でご紹介したことを、ぜひ実践してください。

サバイバル・モードから抜けるために、日々実践して、身体から変えていくことこそが、肝心なのです。そして、少しずつ、「昨日までの自分」とはちがう自分を、つくっていきましょう。

「昨日までの自分」は、遠い過去の呪縛に囚われていた自分。その**過去の呪縛を少しずつ解いて、自由になっていく**、そんなイメージです。

自由に生きられるようになるために、ぜひ、行動を起こしてください。

■人生はあなたの意志で変わる■

恋愛低体温症というのは、ひとつの症状です。自分のなかの怖れや不安、いまとなっては不要な刷り込みの数々は、人生のいろいろな場面で、あなたの足をひっぱります。

なので、恋愛低体温という症状を改善することで、人生のほかの面も改善し、生きるのが楽になっていくことでしょう。

自分のなかに根深く巣食っている、不安や怖れをどうやって軽減していくか。

自分のなかに根深く刷り込まれている、不要な思い込みをどうやって手放し、人生のシナリオを変えていくか。

これらはいずれも、古今東西の人類がみな、共通して抱えてきた課題です。

こうした問題にどう取り組むかは、その人の意志次第、と言えます。

意志をもって、選択、決断して行動しないかぎり、私たちは「過去の囚われ」の通りに生きて、そのまま一生を終えます。

もちろん、どんな人生も貴重で価値がありますから、「変えない」という選択も尊重しています。

ただ、もし変えたいのであれば、「変える」と決めてください。

ご自身で決めることが、とても重要なのです。

〝男に頼ってはいけない〟という呪縛がとけるとき

かつて、私のご相談者に、こんな方がいました。

その方は30代前半で、仕事をしながら母親と2人暮らしをしていたのですが、母親の干渉とグチがひどくて心身が消耗していました。

家に帰りたくなくて、毎日、終電まで働いていたのです。そのままではいずれ病気になってしまいそうでした。

お話をうかがったうえで、やはり母親と別居するほうがよいという結論にいたり、娘が出て行くことに断固反対しそうな母親から、どうやって円満に離れるか、戦略を話し合いました。

事前に引っ越すことを母親に言えば、何かと妨害してくるのは確実でしたので、夜逃げのように、さっと引っ越す必要がありました。

そのさい、一対一だと、ここぞというとき、どうしても母親の迫力に負けて、折れてしまいそうでしたので、彼女には、第三者の味方が必要だと考えました。

「彼氏とか、会社の先輩の男性に、引っ越しを手伝ってもらえるといいんだけど」と聞いたところ、彼も、適当な先輩もいない、ということでした。

「じゃあ、便利屋さんでも頼もうか」などと冗談を言っていたのですが、そのとき、その方のなかで、**「自分には、男性の味方が必要なんだ」**というフレーズが、ハラに落ちたのです。

自分が生まれて早々に両親が離婚しており、母親から「男をアテにするな」と言い聞かされてきたため、それまでは結婚には興味がなかったそうです。

それが、カウンセリング後、すぐ結婚相談所に登録し、婚活を始めて、なんと１か月で、自分が落ち着ける相手、自分の味方になってくれる男性を見つけたのです。

そして、めでたく結婚され、母親からも円満に離れることができました。

「いまは彼と2人で、自分でも信じられないくらい穏やかな日々を送っています」と、うれしいご報告をいただきました。

彼女のなかにあった「男をアテにしてはいけない」という思い込みと、「(だから結婚せずに)自分の力で生きていく」というシナリオが、「母親から自由になるためには、男性の味方が必要だ」に書き換わり、「味方になってくれる男性を見つけよう」と決めたことで、あっという間に、現実が変わったのです。

■あなたの人生に本当に必要なのはだれ?■

こんなふうに、必要に迫られることで、あっさりと現実が変わり、結婚できることもあります。

もともと、生き延びるためにつくられた「無意識の思い込み」ですから、やはり生き延びるために、必要に迫られれば、書き換わるのですね。

「求めよ、さらば与えられん」というのは、真実なのです。

そういう意味では、必要に迫られるような状況に自分を追い込む、というのも、ひとつの手かもしれません。

母親から離れるため、などの必要に迫られて結婚するなんて、動機が不純じゃないかと思うかもしれません。たしかにそうとも言えますが、現実には、実家から逃れるために結婚する女性はたくさんいます。

実家から出て、親の支配を脱したことで、やっと自分の人生が始まることもよくあります。

過去の呪縛から自分を自由にするという意味では、必要に迫られての結婚も、捨てたものではないと感じています。

ただし、親の支配から抜けたと思ったら、こんどは夫の支配下に入ってしまった、ということのないよう、いくつか気をつけることがあります。

それについては、次の項目で書きますね。

"安全基地"になりうる男性とは？

さて、これから自分はどうなりたいのかを、具体的にイメージしてみましょう。

人と親密な関係でいることが心地よく、不安より喜びのほうが大きい。

「ありのままの自分でいていいんだ」そう心から思えて、彼といると、安心して、リラックスできる。一緒に食事をしたり、犬の散歩をしたり、旅行に行ったりして、穏やかな幸せをかみしめている……。

そんな情景を、ありありと、イメージしてみましょう。

あなたはどこにいて、どんな様子ですか？　隣にいる彼は、どんな人でしょう？

あなたが一緒にいてホッとするのは、どんな人でしょう？

クマさんのような男性をイメージする人もいるでしょう。

地顔がいつも笑っているような、ほんわかした印象の人かもしれません。

しょっちゅう冗談を言って、笑わせてくれる人かもしれませんね。

具体的にイメージをふくらませるうちに、何だかワクワクしてきたら、最高です。

その**うれしい感覚を、しっかり胸にインプットしてください。**


恋愛低体温症の人たちが幸せになるための必要最低条件は、彼といて**「安心・安全を感じて、リラックスできる」**ということです。

安心してリラックスしていれば、気持ちに余裕がありますので、相手のことも自然と思いやることができます。たがいに思いやりをもってつき合うことができたら、問題など起こりようがありません。

たとえ、**高収入だったりイケメンだったりしても、一緒にいて、あなたが安心できないなら、その人はあなたには向かない**ということです。

安心できない人だと感じたら、どんなにほかの条件がよくて、もったいないと思っても、潔く、選択肢からはずしましょう。

あなたが次につき合う人は、一緒にいて安心できる、あなたの味方になってくれる人だということを、しっかり覚えておいてくださいね。

■安心できる異性の見分け方■

ところで、自分が安心できる人なんて、想像もつかない、イメージできない、という人もいることでしょう。

その場合、あなたには、「楽になってはいけない」「幸せになってはいけない」という「無意識の思い込み」があるのかもしれません。

その「無意識の思い込み」をはずす取り組みも必要ですが（その場合は、第5章に戻ってください）、ここでは、**「仮に、私が幸せになってもいいとしたら、どうだろうか」と考えて、イメージする許可を自分に出してください。**

自分で想像しにくい人のために、いくつか、具体的に条件を考えてみましょう。

まず、安心できない男性の特徴から。

・神経質で、怒りっぽい
・何でも自分の思い通りにしたがる
・経済観念が偏っている（自分の趣味にはおしげなくお金を使うが、それ以外はケチ）
・友達がほとんどいない
・自分の親に盲目的に従っている
・突然機嫌が悪くなるなど、気分が不安定

ほかにもいろいろあるかもしれません。

ここでひとつお伝えしたいのは、いま男性のなかに、自分の親に無意識に支配されている**「眠り王子」**がたくさんいる、ということです。

いま、夫婦関係のお悩みでご相談にこられる方は、夫がこの「眠り王子」であることが多いのです。

かれらは、母親に支配されていますが、それに気づいておらず、母親に気に入られるよう、何でも親の言う通りにする傾向が強いのです。

母親の気に入る相手と結婚し、母親の喜ぶ顔が見たくて子どもをもつ、という調子で、自分の妻より、母親をつねに優先します。

そうすると、いざというとき、あなたの味方になってくれません。むしろ、自分の親の望み通りにしない妻を非難するでしょう。

自分の親のことを「素晴らしい親」だと思い込んでいないか、「親孝行が当然」だと思い込んでいないか、親をどう見ているかをぜひ、チェックしてください。

自分の親を冷静な目で客観的に見ていたり、適度な距離をたもって親とつき合っているようなら、大丈夫だと思います。

さて、安心できる男性の条件は、この逆を考えればいいのですね。

・**性格が穏やかで、めったなことでは怒らない**
・**相手本位な性格で、こちらの都合や要望に合わせて行動してくれる**
・**適度な経済観念がある**
・**親しい友達が複数いる**
・**親離れできている**
・**一緒にいると、温かい思いやりを感じて、安心できる**
・**自分が不安定なとき、支えてくれる**
・**本心が言える**

こんな感じでしょうか。

男性にとっての、安心できる女性も、こんな感じではないでしょうか。もちろん、料理が上手だ、などと、お好きなイメージを加えてかまいません。

「安心なんてしたことがないから、どんな感じかわからない」という方でも、ある人と出会ったら、その人の前ではありのままでリラックスでき、**「ああ、これが、安心**

していられるっていうことなのか」と実感できることもあります。

安心感がどんな感じかわからない、という方は、第5章にある「緊張をゆるめるレッスン」を習慣にして、ひたすらやってみてください。

個人差はありますが、たいていは3か月くらい、毎日やっていただければ、身体の緊張がゆるんできて、身体の感覚に気づけるようになります。

外を歩いているときも、あれこれ考えずに、周囲をよく観察したり、足の裏にかかる重みを感じるなど、五感を意識して「感じる」練習をしてください。

そうするうちに、「いま・ここ」で、リラックスしてぼーっとできるようになり、「ああ、いま、不安も焦燥感もないし、落ち着いているな、これが、安心している状態なんだな」と実感できるようになります。

「サバイバル・モード」から抜けて「つながりモード」になって、安心できる人と共にいれば、温かさや居心地のよさをいっそう実感できるようになり、穏やかな愛情が育まれていくことでしょう。

疑心暗鬼になったら、自分を落ち着かせよう

安心安全タイプの人を見つけて、一緒にいられるようになったとしても、ときに不安が頭をもたげて、彼を責めてしまったり、スネて、妙なお試し行動をとってしまったりすることがあるかもしれません。

そういうときに、相手が即、反応せずに、穏やかに受けとめて、待ってくれる人だと、ありがたいのですね。こちらが自分で気づいて、調整する時間をもらえるからです。

無性にイライラして、相手にそれをぶつけたくなったら、**不安にかられて過剰反応している自分に、気づいてください。**

そして、深い呼吸をして、「いま・ここ」に戻り、心身を安心させて、落ち着かせてください。「この人は、私の味方なんだ。この人を信じよう」と、自分に言い聞かせてください。相手のせいではなく、自分が過剰反応しているのです。

そして、我に返って、**「イライラしちゃって、ごめんなさい」と、素直に言えるようになってください**。そんな試みをくり返すうちに、次のような習慣が身につきます。

①トラウマ反応が起こって、イライラしだす
②サバイバル・モードになっていることに気づく
③深呼吸などで自分を落ち着かせて「いま・ここ」に戻る
④イライラがしだいにおさまる

そのうちに、そもそもトラウマ反応自体が、起こらなくなります。

ぜひ、地道に練習してください。

自分に気づく力が、人生を変える

このように、イライラしている自分に気づく、不安で緊張が高まっていることに気づく、過去のトラウマ感情に支配されていることに気づく……ということが、あなたの人生に大きなプラスになります。

今後、結婚したり、子育てをしたりすると、自分の幼いころを思い出しやすくなりますので、トラウマ反応もますます起きやすくなります。

自分に何が起きているのかに気づけないと、無意識の衝動に振り回されて、こんどは子どもにイライラをぶつけてしまいます。それで悩んでいるママたちが、たくさんいるのです。

子育てというのは、まさに「自分育て」。子どもの年齢のときの「傷ついた幼い自分」に気づき、過去の自分を癒すプロセスでもあります。

本当は、目の前の夫や子どものせいではなく、自分のなかにためこんできた、ネガティブな感情のせいで、過剰反応をしているのだ、と気づいてください。

夫がひどい、子どもが言うことをきかない、と、相手のせいにしたり、すぐイライラする自分がダメなんだ、と自分のせいにしたりして、ぐるぐる悩んでいても、何も変わりません。

被害者思考も加害者思考も、エンドレスに続くだけで、何も解決しないからです。そうではなく、反応している自分に気づく、つまり、**「自己認識を深める」**ことこそが、過去のトラウマを解放していく道につながります。

家庭だけでなく、仕事でも、その他の人間関係でも、さまざまなことが引き金となって、過去のトラウマが浮上し、過剰反応が起こります。

そのとき、ぐるぐる思考に走らずに、「いま何が起きているのだろう？　このできごとで、何に気づけばいいのだろう？」と、自己認識を深めることに、意識を向けてください。

本当の原因、つまり、過去に抑圧したネガティブな感情に気づけると、現実の問題は、すっと解決していきます。気づけたことで、もう、必要がなくなったからです。

つまり、本書に書いてきたことは、恋愛低体温症を治していくのに役立つだけでなく、生きるうえでのあらゆる問題に応用できる、普遍的なことでもあるのです。

■みんな自由に生きていい■

自己認識が深まると、現実の見え方が変わってきます。そして、過去の呪縛が解けてくると、「ねばならない」から解放され、自分が本当はどうしたいのかが見えてきます。そして、自由に行動できるようになります。

私たちはみな、本来は、自由だからです。

現実に起こる、イヤなこと、気になることはみな、気づくためのチャンスです。ひとつひとつ、自分の問題として、何に反応しているかに気づいていきましょう。うまくできないときもあるでしょう。でも、めげずに、思い出してはトライする、ということを、ぜひ根気よく続けていただければと思います。

続けることで、体質が変わってくると、かならず現実が、格段に楽になってきます。実践してくださった方が、現実が変わり、思い通りの人生を生きられるようになることを、心から願っています。

✴ おわりに ✴

「恋愛低体温症」というのは、心理学の用語で言えば、「愛着」の問題です。そして、日本には、愛着の問題を抱えた人が、いまたくさんいます。

愛着というのは、乳幼児期の親子関係でできるもので、最も重要なのが、生後8か月から1歳半くらいまで、と言われています（もちろん、その前後も大切ですが）。

愛着の問題をかかえる人が増えているということは、いまの日本には、乳幼児期の子育てのあり方に問題がある、ということです。

その理由のひとつは、戦後の日本の子育てが、ゆがんだかたちで西欧化してしまったことにあると感じています。

昔ながらの日本の子育てでは、赤ちゃんはいつもだれかがおんぶして、どこにでも連れていきました。子どもの要求はつねに尊重され、4、5歳でもおっぱいを吸う子はざらにいました。

明治時代初期に、東大で生物学を教えていたエドワード・S・モースは、著書『日本その日その日』（講談社学術文庫）に、日本の親子をこう描写しています。

世界中で日本ほど、子供が親切に取り扱われ、そして子供の為に深い注意が払われる国はない。ニコニコしている所から判断すると、子供達は朝から晩まで幸福であるらしい。彼等は朝早く学校へ行くか、家庭にいて両親を、その家の家庭内の仕事で手伝うか、父親と一緒に職業をしたり、店番をしたりする。彼等は満足して幸福そうに働き、私は今迄に、すねている子や、身体的な刑罰は見たことがない。

小さな子供を一人家へ置いていくようなことは決してない。彼等は母親か、より大きな子供の背中にくくりつけられて、とても愉快に乗り廻し、新鮮な空気を吸い、そして行われつつあるもののすべてを見物する。日本人は確かに児童問題を解決している。また、日本人の母親程、辛抱強く、愛情に富み、子供につくす母親はいない。

明治初期の日本の子育ては、モースいわく、欧米より先んじて、「児童問題を解決して」いたのです。

実際、当時の日本の育児は、現在の最新の育児理論からみても、じつに理にかなっています。

残念ながら、日本は、この貴重な先人の知恵を、捨ててしまったのですね。

戦後の子育てでは「抱きグセ」がつくとして、赤ちゃんをベビーベッドに入れ、離乳を早めて母親を授乳から解放し、歩けるようになれば、しつけと称して口うるさく叱ります。

「子ども中心の子育て」から、「親中心の子育て」に、変わったのです。

つねにだれかと一緒にいて、大切にあつかわれることで、その子は安心を感じて幸せな子どもになり、長じてからも、安心して人とつながれる、幸せな大人になります。

いっぽう、生まれて早々「親に負担をかけるな」というメッセージばかり送られるいまの子育てでは、子どもの自己肯定感が低くなり、大人になってからも、他人をつねに警戒し、生きることが苦行となってしまっても、不思議はありません。

そんな視点に立つと、恋愛低体温症とは、個人の問題というより、社会の問題という側面のほうが大きいとも言えます。

日本が、かつてのように、大人の都合より、子どもの要求を優先できる、「余裕のある社会」に変わっていきますよう、切に願っています。

と同時に、わたしたち一人ひとりが、意識的に、安心と幸せを取り戻していく努力をすることも、大切だと思います。

この本の読者のなかには、これから家庭をもつ方もたくさんいらっしゃることでしょう。

「子どもが自分のようになったらと思うと、心配で心配で……」とおっしゃる方も少なくありません。でも、必要なのは、心配することではなく、子どもを安心させてあげること、大切にして、喜ばせてあげることです。

百年前の日本人にできたのですから、きっとわたしたちにもできるはずです。

この本が生まれたのは、総合法令出版の編集者、中川奈津さんのおかげです。

読者のみなさまにご満足いただける内容になっているかわかりませんが、現時点でわたしがお伝えできることはすべて、この本に書いたつもりです。

読者のみなさまが、近い将来、安全基地となってくれるステキなパートナーとともに、日々、穏やかで、充実した、幸せな人生を送られますことを、心より願っています。

2017年9月吉日

高橋リエ

高橋リエ

母娘＊謎解きカウンセラー
30代半ばの結婚・出産後、子育てにつまずき悩み、思春期になった子の不登校を経験し、自分が重度のアダルトチルドレンだと気づく。
自身の問題に取り組みながら心理療法を学び、カウンセラーとして活動を始める。
都内メンタルクリニック勤務を経て、2013年に独立。親の呪縛を解いて自由に生きることをめざす〈自分再生＊リバースカウンセリング〉は口コミで広まり、主催するサロンには500名を超える女性が参加。これまでに3000名を超える女性のカウンセリングを行なう。メルマガ読者は海外にも広がり、現在5500名。著書に『お母さん、私を自由にして！』（飛鳥新社）がある。

ホームページ
http://seijo-salon.net/
ブログ
https://ameblo.jp/4tokeir

視覚障害その他の理由で活字のままでこの本を利用出来ない人のために、営利を目的とする場合を除き「録音図書」「点字図書」「拡大図書」等の製作をすることを認めます。その際は著作権者、または、出版社までご連絡ください。

恋愛低体温症

2017年11月9日　初版発行

著　者　高橋リエ
発行者　野村直克
発行所　総合法令出版株式会社
〒103-0001　東京都中央区日本橋小伝馬町15-18
ユニゾ小伝馬町ビル9階
電話 03-5623-5121

印刷・製本　中央精版印刷株式会社

落丁・乱丁本はお取替えいたします。

ISBN 978-4-86280-583-6
総合法令出版ホームページ　http://www.horei.com/